6歳児から使える ワークブック❷

発達障害の子の 気持ちの聞き方・伝え方

中京大学現代社会学部教授 **辻井正次**【監修】
NPO法人アスペ・エルデの会【編】
**水間宗幸＋小倉正義＋髙栁美佳＋木村紗彩
＋谷麻衣子＋小川茉奈美＋岡谷絵美**【著】

合同出版

はじめに

　発達障害者支援法が 2004 年に成立し、発達障害の子どもたちに対する支援が社会的に進められるようになりました。08 年に「障害者の権利に関する条約」を批准し、13 年に障害者差別解消法を成立させ、新たな社会の在り方を目指して、2016 年に改正発達障害者支援法が施行されています。

　発達障害は、生来の脳の非定型発達によって生じ、多くの人たちが成長の中で当たり前にできること（適応行動）が自然にパッとできないために、日常生活を送るうえでの困難があり、社会の中での何らかの支援を必要とする状態をいいます。

　ただ、自然にパッとできなくても、その時その時にどういう適応行動をしていけばいいのか、うまくいくコツを身につけていくことで、発達障害があっても、日常生活をより楽しく過ごし、なりたい自分の未来に向けて歩んでいくことができます。発達障害があっても、その人たちなりの仕方で自立し、就労していくことができるようになってきています。

　1992 年、杉山登志郎先生、石川道子先生と辻井の 3 人を中心にして、東海地区で協力して取り組むことができる専門家たちと、発達障害の子どもを持つ保護者たちと一緒に、子どもへの支援の仕組みを作ろうと、アスペ・エルデの会を設立しました。当事者団体の強みを活かし、総合的な発達支援の構築や情報発信に力を入れてきました。また、大学生のための実践研修としてのボランティア・スクール（2 年課程）は 20 年近く運営しています。

　このシリーズの著者たちは、学生時代から当会のボランティア・スクールをはじめ、いろいろな活動に参加してきた若手の臨床家や、毎年実施している愛知県日間賀島での夏の研修合宿のプログラム・ディレクターとしてかかわっている一線級の専門家たちです。

　これまで、アスペ・エルデの会で開発してきた発達支援のためのプログラムをワークブックとして発行してきましたが、それを実際に子どもと取り組んできた著者たちが、あらたなプログラムを加え、より使いやすく書籍化した本がこのシリーズです。「感情のコントロール」、「社会的行動や交渉」、「性と関係性の教育」、

「こだわり行動の調整」、「感覚過敏への対応」、「自己理解」といったテーマごとで、展開をしていきます。アスペ・エルデの会発行のワークブック（http://www.as-japan.jp/j/index.html）と併せてご利用ください。

　発達障害は、科学的には「治る」ことはありません（将来、治療的なモデルが出てくる可能性はあります）。まずは、発達障害とともに生きていく子どもたちがより生きやすくなるために支援することが大切です。

　子どもたちが障害に起因する難しさに直面しても、その一つひとつについて、「こうすればいいよ」という選択肢を知り、そのなかで「できること」に取り組むことができれば、大きな問題は生じません。そのためには、「こうすればいい」「できること」、つまり、うまくいくコツ＝スキルを教えていくことが必要です。

　さまざまなスキルを身につけていくことで、どうしていいかわからないものを、対応可能なものにしていくことができれば、子どもたちはより生きやすくなります。知識があってもうまくいかないことはありますが、知識があった方が対応しやすくなるのは確かです。

　このシリーズで紹介するスキルは、あくまでも「ひな型」です。本を読んでそのままやればその通りにいくということはありません。それでも「ひな型」を知っていることで、保護者にとっても子どもたちにとっても取り組みやすくしていくことができます。

　また、一つのスキルを覚えたら、そこから自分らしいものに拡げていくことが大切です。実際に、「ひな型」をどう展開していくか知りたい場合には、当会の夏合宿などにご参加ください。

　学校において、特別支援学級や通級指導教室だけではなく、通常の学級での指導の中でも、家庭でも、いろいろな形で取り組んでいただけるとありがたく思っております。実際に取り組んでみて、感じたことや、課題などがまた見つかるようでしたら、アスペ・エルデの会にご意見を寄せていただけましたら幸いです。

中京大学現代社会学部教授
NPO法人アスペ・エルデの会 CEO・統括ディレクター
辻井正次

はじめに

この本の使い方

01	話すときの体の向きや相手との距離を知ろう	7
02	ちょうどいい声の大きさで話そう	11
03	じょうずな話の聞き方を知ろう	15
04	コミュニケーションの練習をしよう	19
05	表情で伝えてみよう	23
06	ジェスチャーで伝えてみよう	27
07	話す速さを変えて伝えてみよう	31
08	声の高さを変えて伝えてみよう	35
09	いろいろな方法を組み合わせて伝えてみよう	39
10	あいづちの打ち方を知ろう	43
11	相手の反応を見てコミュニケーションしよう	47
12	会話じょうずになる練習をしよう	51
13	質問をしよう	55
14	自分が困るのはどんなとき？	59

15	困ったときはだれかに助けてもらおう	63
16	「いや」「やめて」を言おう	67
17	意見を言おう	71
18	理由をつけて意見を言う意味を知ろう	75
19	相手の意見をじょうずに聞こう	79
20	話し合いのルールを知ろう	83
21	意見の違いを解決しよう	87
22	話し合いで意見をまとめよう	91
23	確認・報告の大切さを知ろう	95
24	確認・報告の練習をしよう	99
25	じょうずに電話をかけよう	103
26	手紙・メールで伝えよう	107
27	メールやSNSを利用するときのマナーを知ろう	111
28	いろいろな感じ方があることを知ろう	115
29	場面に合った服装・言葉づかいができるようになろう	119
30	いろいろなルールを知ろう	123
31	ルールが守れないときもあることを知ろう	127

参考文献

この本の使い方

この本の各項目は、大人が指導のポイントや解説部分をよく理解したうえで、子どもと取り組めるよう、次のような構成になっています。

指導のポイント

……ワークに取り組むときに、子どもに伝えたいポイントや指導上の注意点などを解説しています。

こんなときはどうする？

……項目のテーマに関連して、よくある疑問や想定される場面を Q&A 形式で解説しています。

こんな行動が見られたら

……日常でよくある行動の例をあげました。こんな行動に思い当たることがあったら、項目のワークをやってみましょう。

身につけたいこと

……ワークを通して、この項目で学びたい「ねらい」です。

ワーク1・2

……子ども自身が記入していくワークです。一人では判断が難しいこともあるので、大人のサポートが必要です。ワーク部分をコピーして学校の授業に応用することもできます。

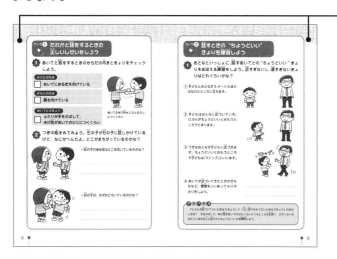

子どもの状態は一人ひとり異なります。大事なポイントがわかったら、引き続きよい方向へのスキルアップを積み重ねていけるよう、その子に合わせて、日常生活の場面ごとにスキルを応用して学びを広げてください。

01 話すときの体の向きや相手との距離を知ろう

🏠 こんな行動が見られたら

■相手との距離が近すぎる

🏠 身につけたいこと

①相手と話すときの体の向きを知る
②話す相手とのちょうどいい距離を知る

　相手と話をするときに、体の向きを相手に向けたり、顔を見たりするだけで、話をしている相手は、自分の話を聞いてもらっているという気持ちになります。ただ、いくら相手に関心があるからといって、相手との距離が近くなりすぎると今度は相手に不快な気持ちを与えてしまいます。話をするとき相手によい印象をもってもらえるような姿勢、距離はどのくらいなのかを確認、練習します。適切な距離は、具体的に何センチと決めたり、物を間に置いたりするやり方もありますが、このワークでは、「互いに手を伸ばして、指先が相手のひじに来る距離」としました。この方法ならどんな場面でも取り組めます。

ワーク❶ だれかと話をするときの正しいしせいをしろう

1 あいてと話をするときのからだの向きときょりをチェックしよう。

からだの向き
☐ あいてにからだを向けている

からだの向き
☐ 顔を向けている

あいてとのきょり
☐ ふたりが手をのばして、ゆび先があいてのひじにつくくらい

あいてのゆび先もじぶんのひじにつくくらい

2 つぎの絵をみてみよう。左の子が右の子に話しかけているけど、なにかへんだよ。どこがまちがっているのかな？

・左の子のからだはどこを向いているのかな？

_____

・右の子は、なぜおどろいているのかな？

_____

ワーク❷ 話すときの"ちょうどいい"きょりを練習しよう

1 おとなといっしょに、話すあいてとの"ちょうどいい"きょりをおぼえる練習をしよう。近すぎないし、遠すぎないきょりはどれくらいかな？

① 子どもとおとなが5メートルほどはなれたところに立ちます。

② 子どもはおとなに近づいていき、じぶんがちょうどいいとおもうところでとまります。

③ つぎはおとなが子どもに近づきます。ちょうどいいとおもうところで子どもは「ストップ」といいます。

④ あいてが近づいてきたときのきもちなど、感想をいいあってふりかえりをしよう。

アドバイス

「じぶんが近づいてよいとおもうきょり」と「人に近づかれてよいとおもうきょり」はおなじかな？ 手をのばして、ゆび先があいてのひじくらいにくるところを目安に、どのくらいはなれているのが人と話すのにちょうどいいかを練習しよう。

指導のポイント

①体を相手に向けるときのポイントを伝える

相手と向かい合ったときに、おへそを相手のほうに向けるように伝えます。体が向き合うと、自然と顔も相手のほうを向くことを確認してください。相手の顔が見えれば、表情を見ることにつながります。

②距離感を伝える

距離を確認する際は、道具は使わず、お互いが手を伸ばして、指先が互いのひじくらいにくる距離を目安とします。近すぎる距離、遠すぎる距離はどのくらいなのかも併せて確認をしてください。実際の場面では、手を伸ばして距離を確認するわけではないことも伝えましょう。

こんなときはどうする？

Q 体を向けていても姿勢が悪い子がいます。どうしたらいいですか？

A 自閉症スペクトラム（以降、ASDと記述します）の子どものなかには、姿勢を保持することが難しい子もいます。このワークでは、まずは適切な体の向き、距離感がとれるようになることを目標としましょう。慣れてきたら、姿勢も意識するように声をかけて、一瞬でも背中をぴんとすることができたら、ほめましょう。

Q 目を見て話を聞くように言っても見てくれません。

A 相手に顔を向けるだけではなく、目を合わせるという指導もされることが多いと思いますが、相手の目を見ることが怖いと感じる子もいます。ずっと相手の目を見続けていると、どんな人でも緊張してしまいます。相手の目は1秒見ることができれば十分です。相手の眉間や鼻など目からずらしたところを見るようにしてもよいでしょう。

02 ちょうどいい声の大きさで話そう

こんな行動が見られたら

■ 話す声が小さい、もしくは大きすぎるなど、場面に合った声の大きさがわからない

身につけたいこと

①話すときに適切な声の大きさ、姿勢を学ぶ
②場面に合った声の大きさを知る

　相手と話すとき、声が小さすぎても大きすぎても相手はうまく聞き取れません。また、場面にふさわしくない大きさの声で話をしていて、周囲のひんしゅくを買うときもあります。ASDの子どもたちには、「場面に応じて声の大きさを変える」という発想自体がなかったり、声の大きさが不適切だと指摘されても「自分の声の大きさがどのくらいなのか」「適切な声の大きさで話すためにはどうすればいいのか」がわからないときがあります。
　このワークでは、①場面によってふさわしい声の大きさは違うことを知り、②ちょうどよい声を自分の体の感覚でつかむ練習をします。

ワーク❶ ばめんによって"ちょうどいい"声の大きさはちがうよ

1 声の大きさを「声のものさし」ではかってみよう。なにもいわない状態が0で、力いっぱいさけぶ声が5だよ。

2 つぎのばめんではどれくらいの声の大きさがいいかな？

① 人とおしゃべりするとき

　声の大きさ [　　]

② ひそひそ話をするとき

　声の大きさ [　　]

③ みんなの前で発表をするとき

　声の大きさ [　　]

アドバイス

ばめんによって、ちょうどいい声の大きさはかわります。❷では①～③のばめんごとに、声をだして練習しよう。なれてきたら、遠くのともだちをよんだり、電車・バスのなかでのひそひそ話など、いろいろなばめんで練習してみよう。

ワーク❷ よいしせいをするとすてきな声がでるよ

1 すてきな声をだすための"よいしせい"をマスターしよう。2つの方法をためしてみよう。

方法❶
両うでを上にぐっとのばしたあと、下ろしてからだの力をぬく。

方法❷
「オッス！」のポーズをしたあと、両うでをストンと下ろし、背すじをのばす。

2 しせいのチェックポイントを参考にして、かがみでみたり、だれかにみてもらって、じぶんのしせいを確認してみよう。

しせいのチェックポイント

 よいしせい

- ☐ あごを引いている
- ☐ 胸を張っている
- ☐ 背すじがのびている（からだに1本線が入っているイメージ）

 わるいしせい

- ☐ あごが前につきでている
- ☐ 胸が下向き
- ☐ ねこ背（背すじがまがっている）

13

指導のポイント

①日常の場面で声の大きさを意識させる

　日頃から声の大きさを意識する機会を増やします。例えば「これから図書館に移動します」というときは、「0から5のどの大きさがちょうどいいと思う？」といった声をかけたり、ワーク1で使った「声のものさし」を日常生活に取り入れます。

②違いを子どもに気づかせる

　姿勢によって発声が変わることを理解するために、ワーク2を行う前に、姿勢についての注意をせずに「おはようございます」と言わせます。続いてワーク2を行い、同じセリフを言わせます。セリフを言う様子は動画で撮影しておき、それを見ながら、ワーク前後でどちらのほうがよいと思ったか、どの点がよかったのかなどを考えさせます。

③本人にフィードバックする

　うまくできたときの感覚を本人につかんでもらうことが必要です。そのときにも録画・録音することが役立ちます。口頭で伝えるだけではなく、本人に録画した映像を見せ、よかった点を伝えます。

こんなときはどうする？

Q 練習ではあいさつができても、実際の場面ではあいさつができません。

A 今が「あいさつをする場面」であると気づいていない可能性があります。本人が気づくためのヒントを出すとよいでしょう。朝、登校したときは気をつけのポーズをとり、「おは……？」と、大人から先に声をかけるのも一つの方法です。

Q 姿勢を直しても、すぐに元に戻ってしまいます。

A ASDの子どもは姿勢の維持が苦手な場合があります。大人でもずっとよい姿勢でいることは難しいものです。まずは本人が確実にできる場面や時間を目標にして成功体験を積むことが大事です。できていないときの指摘は最小限にとどめ、少しでもできている部分を十分にほめ、継続していくことが大切です。

03 じょうずな話の聞き方を知ろう

こんな行動が見られたら

■相手に顔や体を向けることができない

身につけたいこと

①話を聞くときにふさわしい姿勢があることを知る
②聞くときは話し相手に顔・体を向ける

　自分が話をするときは、顔・体を相手に向けられるのですが、話を聞く側になるとその姿勢ができていない子どもが多くいます。体は向けているけれど、顔が下を向いてしまったり、顔は向いているけれど、体は違う方向を向いていたりなど、姿勢が崩れてしまいます。
　このワークでは、どんな体の向きだと話している人が自分の話を聞いてくれていると思うかを考えます。イラストに描かれた子どもの姿を見ながら、話を聞く姿勢のポイントに気づいてもらいます。実際にやってみて、相手によい印象を与えることができるようになることをめざしましょう。

ワーク① 話を聞くときの正しいからだの向きをしろう

1 3つのイラストのうち、どの向きの子が一番話を聞いているようにみえるかな？ ランキングをつけよう。

❶
顔はきみのほうを向いているよ
からだは横を向いているよ

❷
顔もからだもきみのほうを向いているよ

❸
顔もからだも横を向いているよ

1位 _____

2位 _____

3位 _____

2 1位をえらんだ決め手はなに？ 決め手となったポイントをかんがえてみよう。

_____

アドバイス

きみが話を聞いてくれていると感じるしせいがあるように、わるいしせいだとあいても話を聞いてくれていないと感じるし、よいしせいだと話を聞いてくれていると感じるよ。1位のしせいをまねして話を聞いてみよう。コツは決め手にしたポイントに気をつけることだよ。

ワーク❷ からだの向きをかえられないばめんではどうする？

1 話しかけられても、すぐにからだの向きをかえるのがむずかしいばめんもあるよ。そんなとき、どうすればいいかな？

ポイント！ ワーク1で、話を聞いてくれているようにみえる決め手はなんだったかな？ 決め手になったポイントをおもいだしてかんがえてみよう。

① いすにすわって前を向いているとき

② 列にならんでいるとき

③ ほかの人と話しているとき

17

指導のポイント

①顔・体の向きが大切だということを実感してもらう

　人は顔・体が向いているほうが話を聞いてもらっているように感じるということをしっかり伝えます。そのことによって、話すときだけでなく、聞くときにも体の向きが大切ということを実感できるでしょう。

　ワーク1ではランキングをつける前に、イラストに描かれている姿勢を実際につくってみて、各々「どんな気分だったかな？」など感想を聞いてみるとよいでしょう。イメージと実際の行動を結びつけることができます。

②自分の話を聞く姿勢も見直す

　まずは大人が子ども（相手）の話を聞くときに、顔・体の向きを気をつけましょう。子どもが顔・体の向きを意識でき、話を聞けていたら「よく聞いているね」とほめましょう。

こんなときはどうする？

Q うつぶせのまま話を聞き、注意をすると「聞いているよ」と答えます。

A ASDの子どもは、他者が自分の姿勢をどう思うのかを想像することが苦手なところがあります。まずは、その姿勢をとることで相手がどのように感じるのかを具体的に伝え、心配していることを伝えます。よい姿勢をとることがあれば、「しっかり顔・体を向けてくれているから聞いているって思ったよ。ありがとう」などと具体的に評価してください。

Q 話が長くなると聞く姿勢が崩れてきてしまいます。

A 姿勢保持が苦手な子の場合は、聞く姿勢を長く保つのが難しいことがあります。まずはここだけは聞く姿勢を保ってほしいというところを子どもと決めて、守ることを目標にします。子どもの体力、集中力を考えながら、時間をだんだんと延ばしていき、繰り返しほめましょう。

04 コミュニケーションの練習をしよう

こんな行動が見られたら

■話し方、聞き方の基本がわかっても、実際に活かせていない

身につけたいこと

①話し方、聞き方の基本を活かす体験をする
②実際のコミュニケーション体験を増やす

　相手の話を聞く姿勢、声の大きさなどを日常生活で自然に行えるようになるのは、とても難しいことです。このワークでは、「だるまさんがころんだ」「はないちもんめ」のような、ある決まった呼びかけと応答がある遊びを通して、実際にコミュニケーションをとる体験を積み重ねます。
　子どもたちにとって、遊びは受け入れやすく、行いやすいものです。また記憶にも定着しやすいので「前にだるまさん遊びで練習したよね？」などの声かけで、コミュニケーションをとるうえで必要なポイントを想起してもらいやすくなります。

ワーク❶ あそびでコミュニケーションを練習(れんしゅう)しよう

❶ 「だるまさんがころんだ」をしよう。

オニがいつ「だるまさんがころんだ」というかを気(き)にしていないと、前(まえ)にすすめないよ。

オニがどんなはやさで「だるまさんがころんだ」というかを気(き)にしていないと、つかまってしまうよ。

❷ 「はないちもんめ」をしよう。

きちんとあいてのへんじをまってから、じぶんたちのうたをうたいはじめるよ。

おとなの方へ

ワーク1で紹介した2つの遊びには、日常会話で大切なことが含まれています。

「だるまさんがころんだ」は、相手の話を聞く練習になります。また、話す速さに注意を向ける練習にもなります。オニの話すテンポ(速さ)が読めないと、つかまってしまいますし、オニが「だるまさんがころんだ」と言い始めるタイミングが読めないと、オニに近づき、つかまっている子を助けることもできません。

「はないちもんめ」は、相手が言った言葉(返事)をしっかりと聞いて、自分の言葉をリズムに乗せて言うという会話の基本が含まれる遊びです。このルールを守ることで、楽しい遊びが成立するのです。

ワーク❷ ちょっとかわった「だるまさんの日常」であそぼう

❶ ルールは「だるまさんがころんだ」とほとんどおなじだよ。オニは「ころんだ」の部分をいいかえるから、「はじめの1歩」にならんだ子は、オニがいったことをからだであらわすよ。

① 「はじめの1歩」で前にでた子たちは、オニが「だるまさんが」といいはじめたら前にすすみ、「ころんだ」にかえていうことばにあわせて、その動きをします。

② 動きをまちがえたり、いわれた動きができなかった子は、オニにつかまります。全員がつかまったらオニの勝ちです。

③ のこっている子が、オニとつかまっている子のあいだの手をタッチするまで前にすすみつづけます。

④ 「きった！」が聞こえたら、オニ以外の子はスタートの線のほうへにげます。オニは「だるまさんがころんだ」といったあと「ストップ」とみんなに聞こえるように言います。

⑤ 「きった！」をした子が「大また3歩」などと、オニが動いてよい歩数を決め、オニはその分をすすみ、近くにいる子にタッチします。タッチされた子は、つぎのオニです。

指導のポイント

①遊びをする前に、基本の聞き方・話し方を復習する

　人の話を聞く姿勢はどのようなものだったか、相手に聞こえる声の大きさはどのくらいの大きさだったかを一度ふり返ってから、遊びをはじめましょう。

②コミュニケーションの練習になるように具体的な指示を出す

　「だるまさんがころんだ」ではオニの言葉をよく聞いて、動きを考えないとつかまってしまいます。オニが後ろを向いてふり返ったときに、オニのほうに体・顔を向けることに意識が向くよう声かけをしましょう。

　「はないちもんめ」は歌に合わせて相手に聞こえる声の大きさを出す練習にもなります。[2]「声のものさし」（12ページ）でどの声の大きさが適切かを確認して遊んでみてください。

こんなときはどうする？

Q 遊びに興奮して、話し方・聞き方の基本が崩れてしまいます。

A 興奮しやすい子どもの場合は、体の動きが多いものではなく、まずはしりとりなどの言葉のやりとりだけでできる遊びからはじめます。その際にも相手に顔・体を向ける、相手に聞こえる声の大きさなどを最初にふり返りましょう。

Q だんだん飽きてしまい、遊びをやめてしまいます。

A 決まったセリフがある遊びができるようになると、遊びの単調さに飽きてくる子どもが出てきます。そのような場合は、ワーク2の「だるまさんの日常」のように、セリフが変わる遊びにします。「だるまさんの日常」にも慣れてきたら、「だるまさんがイヌになった」のように何かのまねっこをするようなアレンジをしても楽しめます。話を聞く姿勢だけでなく、相手の反応を待つという態度も学ぶことができます。

05 表情で伝えてみよう

こんな行動が見られたら

■会話をしているときの表情の変化が乏しい

身につけたいこと

①表情を使って伝えることを学ぶ
②気持ちに合う表情をつくることができる

　顔の表情は相手に気持ちを伝える際に重要なポイントです。気持ちに合った表情をつくることで、自分の気持ちが伝わりやすくなります。人間の顔には、目や口を動かす表情筋と呼ばれる筋肉が約30種類あります。表情は、それらが相互に作用することで生まれます。ASDの子どものなかには、コミュニケーションをとるときに表情を変えるという意識自体がなかったり、思った通りに表情筋を使うことが難しい場合があります。
　このワークでは、鏡を使ったり実際に自分の姿を撮影したりしながら、顔のパーツを動かす練習をし、気持ちと表情を関連づけて使うことを学びます。

ワーク① 顔をたくさん動かしてみよう

1 かがみをみながら、まゆげや口を動かしてみよう。その表情からどんなきもちがつたわるかな？

まゆをあげる

まゆをあげておでこをせまく

まゆをよせる

まゆげのあたりに力を入れる

くちびるのはしっこを上げる

むずかしいときはゆびをつかっても OK！

おとなの方へ

　鏡を使ったり、動画で撮影したりして、自分の表情の変化を自分で確認できるように工夫するとよいでしょう。

　一人でやるより、大人や他の子どもたちといっしょに取り組み、ほめ合うとより効果的です。本人が楽しみながら手応えをつかみやすい環境づくりをしてみてください。

ワーク❷ もっといろいろな表情をできるようになろう

1　「表情あてゲーム」をしよう。じぶんの表情がどんなきもちをあらわしているか、みている人にクイズをだすよ。
問題をだすときは「○○○○か、△△△△か、どちらでしょう」というと、きみもこたえる人もやりやすいよ。

例

これはこまった顔か、怒った顔か、どちらでしょう?

これは悲しい顔か、なやんでいる顔か、どちらでしょう?

2　トレーニングをすると、もっといろいろな表情ができるようになるよ。やってみよう。

① 目をぐっとつよくとじたあとに大きくみひらく。

② 大きく口を動かして「あ・い・う・え・お」という。

③ 人さしゆびをくちびるの両はしにあてたまま5秒数える。

④ わりばしを横にして口でかるくくわえる。

くちびるの両はしは上にあがっているかな?

指導のポイント

①表情を撮影していっしょにふり返る

　真顔の表情と、悲しい顔、怒った顔などの表情を撮影し、比較してみると表情の違いがわかりやすいでしょう。また、「うれしいとき」「悲しいとき」など伝えたい気持ちに合わせた表情をつくって撮影すれば、オリジナルの表情リストをつくることも可能です。

②便利なアプリが表情づくりに役立つ

　表情づくりに役立つ、スマートフォンやタブレット端末で使えるアプリケーションがあります。例えば「FaceApp」は、普通の状態の顔を笑顔に加工してくれます。自分の笑顔をイメージしやすくなります。「FaceDance Challenge!」は、音楽に合わせて表情を変えてポイントを獲得していくゲームアプリです。顔の体操にもなって楽しめます（iOSのみ対応）。

③相手はどう感じているのかを知る機会を設ける

　ASDの子どもは、相手の表情を読み取ったり、自分の表情が相手にどう受け取られているかを考えることが苦手です。表情が何を相手に伝えるか、相手から自分がどう見えているか、他者と話し合う機会をつくります。こんな表情がよかったと、よい点についても話し合えると本人の成功体験につながるでしょう。

こんなときはどうする？

Q 撮影をいやがる子どもがいます。

A 撮影は本人が了承する範囲で行いましょう。撮影の何をいやがっているのかも重要です。見通しが立たないために抵抗感があるという場合には、写真の使用目的やどういう形で手元に残るか見本を見せるなど、具体的に伝えて意思を確認します。

Q 「はい、チーズ！」と言っても笑顔が思うようにできません。

A 「パーティー」など、最後の母音が「イ」で終わる言葉を使ってみましょう。「イー」とだけ言うのもよいでしょう。そのやり方で、笑顔で写真が撮れたら、そのことをほめて自分のやり方として定着できるようにサポートしましょう。

06 ジェスチャーで伝えてみよう

こんな行動が見られたら

■言語表現が苦手

身につけたいこと

①ジェスチャーを使って伝えることを学ぶ
②量的概念や自分の感覚を表現する方法を学ぶ

　ジェスチャー(身ぶり・手ぶり)をすると、言葉で表しにくいことでも、相手に伝えやすくなります。ASDの子どものなかには自分の感覚を言葉で表現することが苦手だったり、相手のジェスチャーの理解はできても自ら使えるレパートリーが乏しい子がいます。例えば、病院の医師などに自分の症状や状態をうまく伝えられないことがあります。
　大人になり社会生活を営んでいくうえでは、言語以外にも気持ちを伝えるレパートリーをたくさん持っていたほうがうまくいきます。子どもの頃から少しずつ増やしていきましょう。ここでは、ジェスチャーを使って表現するワークを紹介します。

ワーク❶ ジェスチャーであらわしてみよう！

1 ジェスチャーをつかってあいてにつたえてみよう。

レベル1　長さ、大きさ

例　長さをゆびとゆびの間かくであらわす

例　大きさをうでをのばしてあらわす

レベル2　あつさ、さむさ、ねむたさ

例　あつさ、さむさをものをつかってあらわす

例　ねむたさを動きであらわす

レベル3　いたみ、たのしさ、こまり具合

例　いたみをからだをつかってあらわす

例　たのしいきもち、こまったきもちを表情とからだの両方をつかってあらわす

アドバイス
ともだちやおとなをあいてにやってみよう。そしてあいてにじぶんのジェスチャーがつたわったかどうかも聞いてみよう。つたえかたがわからないときは、おとなに聞いてみよう。

ワーク❷ ジェスチャークイズ
「どちらが〇〇にみえるかな？」をしよう

1 からだの動きだけで、どちらが大きくみえるか、どちらがよろこんでいるようにみえるか、どちらがいたそうにみえるか、みている人に当ててもらうゲームだよ。

どちらのほうが大きくみえるかな？

どちらのほうがよろこんでいるようにみえるかな？

どちらのほうがおなかがいたそうにみえるかな？

指導のポイント

①「○○の大きさを表そう」と具体的に提示する

ワーク1のレベルが難しい場合には、漠然と「大きさを表そう」と言うよりも、具体的に「ペットの犬の大きさを表そう」などと質問してみてください。何を表すのかが具体的に決まっているほうが子どもにとっては考えやすくなります。

②撮影して本人といっしょにふり返る

写真や動画を見れば、自分が表現したいことがジェスチャーで表現できていたか本人自身も確認できます。また、写真を見ながらよかった点などをみんなで発表し合います。「じょうずにできた」という成功体験につなげましょう。

こんなときはどうする？

Q 子どもに何かの大きさや感覚の度合いをたずねても、0か100かの極端な答えが返ってきます。

A ASDの子どもの場合、感覚などの度合いを「中間」をイメージして評定することが難しいかもしれません。12ページで扱った「声のものさし」のように、自分の感覚を具体的な数値でいくつかの段階に分けて教えるとわかりやすいでしょう。
例：疲れ度100→「体が重い、今すぐ休みたい」
　　疲れ度50→「息が少し上がった、休憩がほしくなってきた」など

Q うれしい、楽しいなどの場面を設定しても、それを表現するジェスチャーが思いつかない子がいます。

A あいまいなことをイメージするのが苦手なASDの子どもは、設定された場面を想像できず難しいと感じます。まずはワーク1の「大きさ」「長さ」など、客観的な指標があるものをジェスチャーで示すことからはじめるとよいでしょう。そこから「暑さ」「寒さ」「困り具合」などのより抽象的な言葉について考えていきましょう。

07 話す速さを変えて伝えてみよう

こんな行動が見られたら

■ 速度が聞き取れないほど速かったり、声が一本調子で相手に伝わらない

身につけたいこと

①話す速度が聞き手の理解に影響することを知る
②適切な話のスピードで相手にうまく伝えることを学ぶ

　聞き手にとって話す速度は大事な要素です。話し方が速すぎても、遅すぎても聞き取りにくく、コミュニケーションに影響を及ぼします。また、話し手が聞き手の注目を集めるために、あえて話す速さに変化をつける場合もあります。ASDの子どものなかには、コミュニケーションの際に聞き手の理解を気にかけるという視点が抜けやすい子もいます。自分で話す速度をコントロールできるようになるために、話す速度を意識するところからはじめます。

ワーク① 話すはやさで つたわりかたはかわるよ

1 早口のウサギさんとゆっくり話すカメさんになりきって、例文を声にだしていってみよう。聞いてくれるみんなにつたわるかな？

> 例文：明日は 10 時から競走するから 9 時 40 分に校庭のてつぼうの前にきてね。

❶早口ウサギさん　　❷ゆっくりカメさん

2 ともだちが早口ウサギさんと、ゆっくりカメさんで話すのを聞いてみよう。どう感じたかな？　そうだとおもう番号にチェックを入れよう。

- ☐ ①早口ウサギさんのほうが聞きとりやすかった
- ☐ ②ゆっくりカメさんのほうが聞きとりやすかった
- ☐ ③どちらも聞きとりやすかった
- ☐ ④どちらも聞きとりにくかった

アドバイス

話すはやさは、はやすぎてもおそすぎても、聞きとりにくくなります。"ちょうどよい"はやさってどれくらいかな？　ワーク2でじぶんなりの"ちょうどよい"はやさをみつけてみよう。

ワーク❷ 「話すはやさのものさし」をつかってみよう

1 じぶんの話したはやさをしるときに役に立つのが「話すはやさのものさし」だよ。

話すはやさのものさし

2 ともだちとハンバーガーやさんごっこをしよう。

① きみの話すはやさは「話すはやさのものさし」でどのくらいかな？
ともだちやおとなにおしえてもらおう。
② 話すはやさをかえてみて、ちょうどよいはやさをみつけよう。

3 ちょうどよいはやさは、ばめんによってちがうよ。つぎの3つのばめんでは、どんなはやさがちょうどいいかな？「話すはやさのものさし」からえらんでみよう。

① ともだちにすきなゲームの話をするとき 【　　　】
② 耳がよく聞こえないおじいさんに道をあんないするとき 【　　　】
③ クラスのみんなの前でじぶんのいけんを発表するとき 【　　　】

指導のポイント

①大人が話す速さの違いを見本で示す

子どもたちがワーク1に取り組む前に「早口ウサギさんで話す」「ゆっくりカメさんで話す」という2種類の話し方の見本を示しましょう。子どもがわかりにくそうだったら、大人が見本を示しましょう。

②撮影もしくは録音をして、本人といっしょに話し方をふり返る

本人が自分の話し方を聞き手として確認できると、自分の話す速度の違いを実感しやすいでしょう。いっしょに振り返りながら「今のちょうどよかったよ」「このスピードが聞き取りやすいね」などとできている部分を積極的に取り上げて声をかけてあげるとよいでしょう。

こんなときはどうする？

Q ウサギやカメのたとえでは伝わりにくい場合は、どうすればよいでしょうか。

A 例えば、電車が好きな子に、話す速度を電車にたとえて伝えるのも一つの方法です。ウサギやカメは一例で、子どもたちに「速い」「遅い」というイメージが伝われば、どんなたとえでもかまいません。

Q 話し出すと、勢いよく一気に話して止まりません。

A 「ちょっと待って」と声をかけるなど、本人が一呼吸おく間をつくりましょう。視覚的な手がかりのほうが理解しやすい子には、ワーク2の「話すはやさのものさし」を使って速さを具体的に伝えるとよいでしょう。本人に話を聞く余裕ができたら「1個ずつ話して」「ゆっくり話して」と要望を伝えてみましょう。「1個ずつ」がわからない子には「最初に何があったの？」と内容を整理して話すためのヒントを出すとよいでしょう。

08 声の高さを変えて伝えてみよう

こんな行動が見られたら

■声に抑揚がなく、気持ちがこもっていないように聞こえる

身につけたいこと

①声の高低によって伝わり方が違うことを理解する
②声の高低を使って相手にうまく伝えることを学ぶ

　声の高さは聞き手にとって話し手の気持ちを推測する手がかりになったり、話し手の態度を判断する際の手がかりになったりすることがあります。同じ人でも、体調や感情によって声の高さが変わり、伝わり方も変わります。

　声の高さをコントロールできると、体調が悪いわけではないのに元気がないと思われるなど、誤解を受けることが少なくなるでしょう。また、自分の伝えたい気持ちやニュアンスを人に伝えやすくなります。

ワーク① どっちがいいたいことを つたえられるかな？

1 おなじことばでも低い声と高い声では、つたわりかたがちがうよ。2つのことばを低い声と高い声でいってみよう。どんな感じをうけるか話しあってみよう。おとなの感想も聞いてみるといいよ。

「わーい！」

低い声で……

_____

高い声で…… わ〜い

_____

「だいすき！」

低い声で…… だいすき

_____

高い声で…… だいすき

_____

ワーク❷ 語尾やアクセントをかえるとどんなふうに感じるかな？

1 声の高さをかえてきもちをつたえることは、いつもの会話のなかでつかわれているよ。

例えば「チョコ、ある」という文章を語尾を上げると……　　「チョコ、ある」という文章を語尾を下げると……

ポイント！ 同じ文章でも語尾の声の高さがちがうと意味がかわってしまうよ。

2 おなじ単語でもアクセントをかえると、意味がかわることばがあるよ。

例 アメ

例 ハシ

ザーザーふるあめと、なめるとあまいあめ

ごはんをたべるはしと、川にかかるはし、はしっこのはし

アドバイス
ニュースで話すことば（標準語）では、「雨」は「ア」が高く「メ」が低い、はんたいに「あめ」は「ア」が低く「メ」が高いよ。住んでいる場所（地域）によってアクセントがちがうから、みんなの住んでいる場所（地域）ではどんなふうに話されているかをおとなにおしえてもらおう。

指導のポイント

①大人がいろいろな声の高さの見本を示す

　子どもたちがワークを行う前に、大人が"高い声"と"低い声"の具体的なイメージを示すほうがわかりやすいでしょう。

②撮影もしくは録音して、本人といっしょに声の高さをふり返る

　ワーク1では、動画を撮影したり、声を録音して、子どもたちと聞きくらべてみましょう。高い声と低い声では、どちらのほうが言いたいことを伝えられているかを、本人が自分の話し方を聞き手として確認できると、自分の話す声の高さの違いも実感しやすいでしょう。いっしょにふり返りながら「今のよかったよ」「どっちの言い方がよかったかな？」などと感想を伝えて気持ちや状況に合わせて声の高低をコントロールできるように指導しましょう。

こんなときはどうする？

Q 子どもががんばって学芸会での役のセリフを叫ぶのですが、声の高さがうまく変えられないようです。

A セリフを覚えて叫ぶのと、声の高さを変えることを同時に意識して行うことが難しいのかもしれません。まずは「あー！」や「わー！」など言いやすい言葉で声の高さを調整する練習をしてみましょう。

Q テンションが高くなると高い声で叫び続けてしまって困っています。

A いやなときに限らず、興奮するとテンションが高くなって声のコントロールがききにくくなる子どももいます。そのような場合は静かな場所に移動するなど、クールダウンの時間をとりましょう。そして、興奮したりテンションが高くなったりしていないときに、今回のワークを練習するとよいでしょう。

09 いろいろな方法を組み合わせて伝えてみよう

こんな行動が見られたら

■言語以外のレパートリーが乏しい

身につけたいこと

①これまで習った方法を複数組み合わせると、伝えたいことや気持ちがじょうずに伝わると知る
②これまで習った方法を組み合わせて、自分の話や気持ちを伝えることを知る

ここでは、これまでのまとめとして、［5］〜［8］（23〜38ページ）を組み合わせて使ってみます。［5］顔の表情、［6］ジェスチャー、［7］話す速さ［8］声の高さのそれぞれをうまく使えるようになることはもちろんですが、これらの方法を組み合わせることで、より豊かに伝えられることを実感してみましょう。

実際のコミュニケーションは、表情・ジェスチャー・声の速さや高さなどが複雑に組み合わさっています。実際にさまざまな場面・セリフをいろいろな方法で表現し伝わる体験をすることが、豊かな表現を身につけていく大事なステップになります。

ワーク❶ 表情・ジェスチャー・声のはやさ・声の高さをくみあわせてつたえよう

1 話やきもちをつたえるときには、表情・ジェスチャー・声のはやさ・声の高さに気をつけることを学んだね。このワークでは、それらをくみあわせてつたえる練習をするよ。

❶
表情
＋
ジェスチャー

おとうさんがこんなに大きなぬいぐるみを買ってくれたよ

❷
ジェスチャー
＋
声の高さ

こういう髪型の人をみたことがある⤴?

❸
ジェスチャー
＋
声のはやさ
＋
声の高さ

明日はビニールぶくろをもってきてください。もってきたらあそこの箱のなかに入れておいてください。わかりましたか⤴?

ワーク❷ 「あっちむいてホイ！」であそぼう

1 表情・ジェスチャー・声のはやさ・声の高さをかえて「あっちむいてホイ！」であそぼう。

❶ 　声のはやさ　と　ジェスチャー　をくふうする。

「あっちむいてホイ！」と早口でいってゆびを動かそう。

❷ 　表情　と　声の高さ　をくふうする。

「あっちむいてホイ！」とこわい顔と低い声でいってみよう。

❸ 　間（タイミング）のとりかた　をくふうする。

"間"とは「あっちむいて〜……ホイ！」の（……）の部分。（……）の部分はなにもいっていないけれど、聞き手が話し手にとても注目しているよ。いろいろな間のパターンをためそう。

指導のポイント

①セリフのレパートリーを用意しておく

　ワーク1に取り組む際のセリフは、いくつか選択肢を絵カードや写真などで用意しておき、そこから選ぶようにするとわかりやすいでしょう。最初は表情やジェスチャー、言い方などをイメージしやすい、簡単なセリフ（例えば「やった！」「よかったー」など）から取り組んで、手ごたえをつかむことが大事です。お店屋さんごっこなど、子どもたちがセリフをイメージしやすい場面で練習するのもいいでしょう。

②楽しいから何度も繰り返し練習できる

　ワーク2の「あっちむいてホイ！」は、声の調子やジェスチャーを加えることでより楽しくなる遊びです。また「ホイ！」と言われるタイミングを待ち、それに合わせて反応する練習にもなります。いろいろな組み合わせを試せるように何度もやってみてください。遊びのなかで楽しみながら、声をコントロールする感覚を学べることが大切です。

③撮影して、本人といっしょにふり返る

　自分の姿を本人自身が確認することで、より手ごたえをつかみやすいでしょう。また、よかった点やもっとこうしたいという点などを話し合う際にも役立ちます。
　「今のジェスチャーはわかりやすかったよ」「今の話す速さはちょうどよかったね」など具体的に伝えると、本人はわかりやすいでしょう。

こんなときはどうする？

Q 表情とジェスチャーなど複数の方法を"同時に"意識することが難しいようです。

A 表情・ジェスチャー・声の速さや高さを組み合わせることは、子どもたちにとって難しいことです。まずはいくつかの方法を"順番に"行っていくところからはじめましょう。例えば最初に表情をつくって確認をしてから、次はジェスチャー、その次は声というふうに一つずつつけ加えていくとよいでしょう。まずは大人が見本を見せるとイメージしやすくなります。

10 あいづちの打ち方を知ろう

こんな行動が見られたら

■ 相手の話に無反応

身につけたいこと

①あいづちの必要性に気づく
②適切なタイミングであいづちを打てるようにする

　話を聞くときに、聞く姿勢はできているが無反応あるいは反応しすぎることで、相手を不快な気持ちにさせてしまう子どもがいます。あいづちは相手の話をちゃんと「聞いているよ」というサインになります。しかし、あいづちは具体的な決まったやり方があるわけではなく、その場の雰囲気に合わせて行われることが多いため、雰囲気を理解しづらいASDの子どもにとってはとても難しいことです。
　そのため、このワークでは「あいづちの打ち方」を具体的に示していき、あいづちが相手に「聞いているよ」というサインを送っているということを学びます。

ワーク① あいづちは「聞いているよ」のサイン

1 あいづちには、「うん」「はい」「へぇ」「そうですか」「なるほど」といったことばのほか、首をたてにふる「うなずく」などたくさんの種類があるよ。あいてに「話を聞いているよ」というサインがつたわると、たのしくお話できるよ。

2 教科書や本をおとなに読んでもらい、きみもおなじ文章をみながらあいづちをうってみよう。

> 例文：そのあくる日のまよなか。ぎんざの大きなほうせきやのまどガラスが、ガチャンとわれました。みせの人が、おどろいていってみると、ふとい、まっくろな手が、にゅうっとはいってきて、たくさんのほうせきをつかんでいました。
> 　　　　　　　　　　　　　　　　　「かいじん二十めんそう」江戸川乱歩より＊
>
> ＊青空文庫より引用（図書カードNo.57226、[入力]sogo［校正］北川松生）

①ひとつの文章を読みおわった「。」（句点）のタイミングで「はい」とあいづちをうってみよう。

②つぎは「。」のタイミングで「へえ」とあいづちをうってみよう。

ワーク❷ あいづちの練習をしよう

1 あいづちをうつテンポ、タイミングをチェックして、あいてがどのように感じるかを「あいづち確認表」をつかって確認しよう。

①おとなに文章を読んでもらい、あいづちをうつ練習をしよう。きみは文章をみないでね。

あいづち確認表
【テンポ】
はやい　　・　　ちょうどいい　　・　　おそい
【タイミング】
バッチリ　　・　　まあまあよい　　・　　もうすこし_____したほうがよい
【あいての感じかた】
すごくいい　　・　　まあまあよい　　・　　_____だった

②ともだち同士であいづちをうつ人を交代しながら練習してみよう。

あいづち確認表
【テンポ】
はやい　　・　　ちょうどいい　　・　　おそい
【タイミング】
バッチリ　　・　　まあまあよい　　・　　もうすこし_____したほうがよい
【あいての感じかた】
すごくいい　　・　　まあまあよい　　・　　_____だった

・・・・・・ おとなの方へ ・・・

ワーク1、2ともに練習に使う文章は、どんなものを選んでもOKです。読むときに、「。」の後で一呼吸おくと、子どもはあいづちを打ちやすくなります。あいづち確認表は、子どもといっしょに確認しながら記入すると、より実感がわきやすいと思います。

指導のポイント

①具体的にどこであいづちを打つのかを示す

「あいづちを打ってみよう」と言っても、子どもたちはどこであいづちを打っていいか、わからない状態からはじまります。そのため最初は「文章の最後の○○であいづちを打ってね」と伝えます。あいづちのタイミングを知るためのワークなので、あいづちの言葉は子どもたちが言いやすいものを使いましょう。慣れてきたら、いろいろ試してみましょう。

あいづちの例：「へぇ」「うん」「はい」「ほう」「えぇ！」「あぁ」「なるほど」「そうなんだ」「わかる」「たしかに」、黙ったままうなずく。

②いっしょにあいづちを打つ

最初は、どこであいづちを打っていいのかわからないかもしれないので、文章の区切りがきたら、読んでいる大人もいっしょにあいづちを打ちましょう。大人がいっしょにすることで、あいづちのタイミングをつかむことができるように導いていきます。

こんなときはどうする？

Q 何回か試しましたが、どの部分であいづちを打つかがわかりづらいようです。

A 教科書の文章を、文章ごとで改行したものを用意し、あいづちを打つところにマークを入れます。最初は文節にスラッシュ（／）を書き込んでおくと、視覚的にもわかりやすくてあいづちを打ちやすいでしょう。子どもの能力に応じて試してみてください。

例：「今日は／いっしょに／あいづちの／練習を／しましょう」「それでは／はじめます」

Q あいづちのテンポが速く、聞いていないように思われてしまいます。

A 相手の話が終わった後に（もしくは終わる前に）すぐに返事をしてしまう子どももいます。そうした子たちはどの程度待つべきなのかということを、感覚で理解していくことが苦手です。そのような場合は、例えば「相手の話が終わった後に、3つ数えてからうなずこう」などとテンポを数字化して伝えます。

11 相手の反応を見てコミュニケーションしよう

こんな行動が見られたら

■相手の反応を待つことができずに、一方的に話を続けてしまう

身につけたいこと

①コミュニケーションには相手の反応を見ることが必要だと知る
②相手の反応を見ながらコミュニケーションをとる

　ASDの子たちのなかには相手の反応を見ずに自分の話したいことだけを伝え続けてしまう子たちがいます。つまり、コミュニケーションをとるうえで、発信はできているけれど受信ができていない状態といえます。
　このワークでは、自分が話し続けたからといって、話が通じるわけではなく、相手の反応を見て待つことによって話が通じるのだということを学びます。
　とくに呼びかけた際に、相手がこちらを向いているかどうかということを気にせず、一方的に話し続ける子どもが多いため、呼びかける練習からはじめます。

ワーク① うしろを向いている人に話しかけよう

1 うしろを向いているあいてに話しかけてみよう。あいてがじぶんのほうをみたら、おねがいごとをしてみてね。あいてはおとなにやってもらうよ。

じぶん　「すみません」
あいて　「(ふり向く) なんですか？」
じぶん　「○○○○（おねがいごと）をしてくれませんか？」

おねがいごとの例

- すきなたべものおしえてください
- けしゴムをかしてください
- きょうはなん月なん日ですか？

 こんな質問はかっこわるいよ

- 体重をおしえてください（聞かれるとはずかしいことは聞きません）
- ハンバーガーをください（学校ではたべられません。家族やお店やさんにつたえることです）
- バカになってください（わる口になります）

ワーク❷ あいてがふり向くまでまつ練習をしよう

1 あいてがなかなかふり向かないばあいはどうする？ ワーク1とおなじように、うしろを向いたあいてに声をかけ、あいてがじぶんのほうをみたら、おねがいごとをしてみよう。

じぶん　「すみません」
　　　　（あいてはなかなかふり向かないよ）

あいて　「（しばらく間をあけてふり向く）なんですか？」

じぶん　「○○○○（おねがいごと）をしてくれませんか？」

> しっかりまっていられたかな？

ポイント！　あいてがしっかりとふり向くまでまつことができましたか？

例 ○　**ポイント！**　あいての顔がじぶんの目の前にきたら話しはじめよう。

× **ポイント！**　あいての用事がおわらないとじぶんのいいたいことは聞いてもらえないよ。

指導のポイント

①やりとりの基本をふり返る

［1］〜［10］（7〜46ページ）で行った、顔・体の向き、人との距離、声の大きさなどのやりとりの基本をふり返って、適切なやりとりで相手の反応を待つ練習をします。

②相手が自分の話を聞く姿勢になったら話し出すということを伝える

自分だけではなく、相手も聞く姿勢になったかを見るように伝えます。聞く姿勢になったかを見るためには、相手の顔・体が自分のほうに向いているかなどをチェックすることがポイントです。

③相手のほうを向いて話し出すかをチェックする

子どもの顔・体が、話し手のほうを向いているかを確認してから、話しはじめることが大切です。もし、向いている方向がややずれているようなら、適切な姿勢になるまで待つか声かけをして修正しましょう。

こんなときはどうする？

Q 何かしてほしい気持ちが強すぎて、待つことができません。

A 子どもたちは、何かしてほしいことがあると、そのことばかりにとらわれてしまいがちです。何かをしてもらうには、相手が自分のほうを向いているときに話しはじめたほうが自分の要求を聞いてもらえるという体験を繰り返しさせていくことが大切です。日常にもこのワークを取り入れてみてください。

Q 恥ずかしいのか、顔を見ずにお願いをしてくることがあります。

A この本で学んだやりとりの基本をふり返り、顔と体を相手に向けることが大切であるということを伝えます。また、恥ずかしさを軽減するために、相手の目ではなく眉間や鼻を見るなど視線の避け方も具体的に教えるとよいでしょう。

12 会話じょうずになる練習をしよう

こんな行動が見られたら

■顔・体の向き、人との距離、声の大きさなどの会話の基本が身についていない

身につけたいこと

①実際の会話のやりとりをイメージできるようにする
②顔・体の向き、人との距離、声の大きさなどの会話の基本を日常に活かす

　会話のやりとりの基本を練習しても、実際どのような場面で使われているのかを具体的にイメージするのは難しいことです。このワークでは、子どもたちがイメージしやすいお店でのやりとりで練習します。客や店員など役割を持った人と会話のやりとりを行うことで、知識やスキルをもっているだけではなく普段から使えるようになっていきます。
　会話の練習をするときには、[３] 聞く姿勢の練習（15～18ページ）などをふり返り、どのようなやりとりが相手にとって好印象なのかを考えながら行っていきましょう。

ワーク❶ お店やさんごっこでじぶんの役割を練習しよう

1 例 スーパーマーケットにおかしを買いにいきました。けれど、ほしいおかしの場所がわかりませんでした。店員さんに聞いてみよう。

1 すみません

2 チョコレートはどこにありますか？

なんですか？

3 ありがとう

となりの通路へいくと右がわにありますよ

2 1〜3の顔・からだの向き、あいてとのきょり、声の大きさはどうするとよいかな？ かんがえてみよう。[3]（16〜17ページ）で勉強した聞くしせいをおもいだそう。

顔	からだの向き

あいてとのきょり	声の大きさ

ワーク❷ 会話のバリエーションをふやそう

1 ワーク１とおなじばめんで、おかしの場所を店員さんに聞いてみます。最後のコマで、きみならどんなふうにこたえるかをふきだしにかいて、いってみよう。

2 ❶〜❸の顔・からだの向き、あいてとのきょり、声の大きさはどうするとよいかな？　かんがえて❶のばめんのやりとりをしてみよう。店員さんの役はおとながするよ。

ポイント！　どんなふうに話しかけたら、店員さんが、しっかりわかってくれるかをかんがえてみよう。

顔	からだの向き

あいてとのきょり	声の大きさ

指導のポイント

①相手の返事を待って、自分の話をすることができているかをチェック

ASDの子どもは、聞きたいことがあると、相手の返事を待つことができないことが多くあります。そのため、相手がふり向いてセリフを言ってから話しはじめることを確認しましょう。できていなかったら繰り返し行うことが大切です。

②呼びかける声の大きさが適切かどうかをチェック

［2］（11～14ページ）で行った声の大きさの練習をふり返り、お店のなかで出してよい声の大きさを考えましょう。また、場面を設定する際に相手とどの程度の距離で話すのかを子どもと確認しておくことが大切です。

こんなときはどうする？

Q 相手の返事を待てず、話し出してしまいます。

A ［3］（15～18ページ）で行った聞く姿勢の練習をふり返って、相手がどんな状態だと聞いているのかをもう一度いっしょに考えます。また、考えにくいときは大人が演じてみせるなどすると伝わりやすくなります。準備ができていないときに話し続けられると、どんな気持ちになるのかを考えてみるとよいでしょう。

Q 相手の答えを聞いて、お礼も言わずにどこかへ行ってしまうことがあります。

A 自分の知りたいことがわかったら、どこかへ行ってしまう子どもがいます。その場合は、話している途中でどこかに行ってしまうことで相手が不快・不安になることを伝え、お礼を言う大切さを伝えます。お礼を言うことは、相手に感謝を述べるのと同時に会話の終わりの合図とも言えるため、多くの場合、会話の最後に「ありがとう」と言うとよい終わり方になることも教えましょう。

13 質問をしよう

こんな行動が見られたら

■質問をしても会話が続かない

身につけたいこと

①質問をして、相手の答えを聞く
②理由を聞いたりあいづちを打つことで会話を広げる練習をする

　質問をされたら、相手は自分に興味を持っているという予想をします。しかし、ASDの子どものなかには一方的に質問をしたままで会話を終わらせてしまう子たちも少なくありません。質問をしたのはいいけれど、どうやったら会話になっていくのかがわからないのです。
　そこでこのワークでは、質問をした後の会話の広げ方を練習していきます。質問をした後で理由をたずねることで、自分と相手の共通点を見つけることもできます。

質問のしあいっこをしよう

❶~❾のなかからあいてに聞きたいことをえらんで質問をしよう。そして、あいてに質問をしたあとに「なぜですか？」「どうしてですか？」と理由をたずねてみよう。

❶すきなたべもの　❷きらいなたべもの　❸すきな動物
❹きらいな動物　❺すきな勉強（授業）　❻きらいな勉強（授業）
❼すきなまんが　❽きらいなまんが　❾いきたい場所

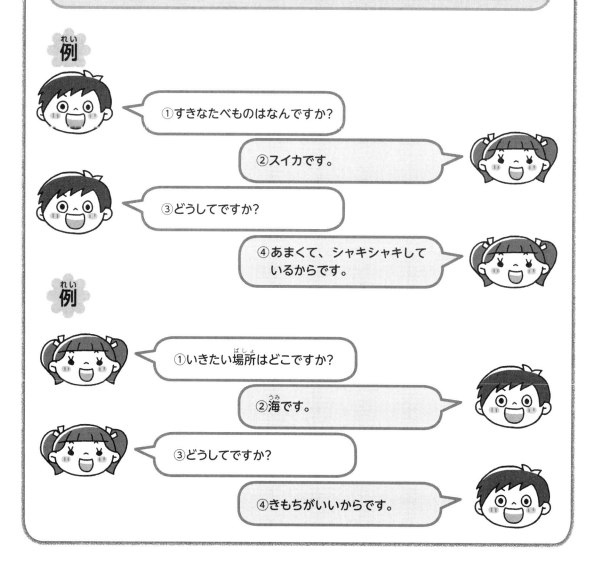

ワーク❷ 質問とあいづちの練習をしよう

1 ワーク1とおなじように質問をしたらあいてがこたえている最中に「うんうん」「そうだね」とあいづちをうちましょう。話しているあいてもきもちよく話すことができ、会話がもりあがります。

例

①すきな動物はなんですか？

②ネコです。

③へぇ、どうしてですか？

④さわると、ふわふわしているからです。

⑤あー、そうだね。

⑥それにあまえるところがかわいいからです。

⑦うん、うん。そうだね。

⑧ネコはかわいいね。

⑨そうだね。ぼくもすきだよ。

指導のポイント

①あいての言葉が終わった後に理由をたずねることができているかをチェック

相手の言葉をさえぎるように理由をたずねてしまうことがあるため、相手の話が終わったら理由をたずねることを伝えましょう。うまくいかないときはマイク（おもちゃでもよい）を1つ用意して、しゃべっている人がマイクを持つようにするのも一つの方法です。

②相手に聞き取りやすい声、スピードで質問ができているかをチェック

質問をするときに、［2］（11～14ページ）や［7］（31～34ページ）で学んだ声の大きさ、スピードを意識することができているかをチェックしましょう。確認のために、姿勢はよいか、早口すぎないかといったポイントをおさらいすることが大切です。

こんなときはどうする？

Q 興味がない話題については聞こうとしません。

A 興味がない話題に興味を抱くように伝えるのはとても難しいことです。そのため、まずは会話を広げることの楽しさや利点を実感してもらうことが大切です。会話をするのが楽しいと感じれば、自分の興味がない話題であっても、相手との会話を楽しむために話をしようとすることもあるかもしれません。

Q 質問をしたら、答えを聞かずにそのままどこかに行ってしまいます。

A 答えを求めているのではなく、ただ聞くことを楽しんでいるのかもしれません。まずは、質問に答えた相手がそれを聞いてもらえないとどのような気持ちになるのかを伝えます。答えを聞いたほうがもっと楽しい会話になることを実感してもらうことが大切です。そのため最初は、その子どもが興味を持ちそうな話題から取り組み、会話をする楽しさを伝えましょう。

14 自分が困るのは どんなとき？

🏛 こんな行動が見られたら

■ 自分が困っていることがわからない

🏛 身につけたいこと

①自分が困っていることがわかる
②どんな状況が困りやすいのかを整理する

「困る・困った」という気持ちを自分で理解することが難しい子どもがいます。「困る・困った」は人によって異なります。まずは、自分が何に困っているのかに気づくことが大切です。自分が「どうしよう」「どうしたらいいかわからない」となりがちな困りやすい場面をあらかじめ探しておくと、困ったときの「対策」を考えることができます。

このワークでは困りやすい状況を含めたいくつかの場面を設定しました。子ども自身が困りやすい場面にチェックを入れます。支援する大人自身の困りやすい場面を伝えると、子どもも「自分もそうかもしれない」とか、「困ることはみんな同じではない」とかいった気づきにつながるかもしれません。子どもといっしょに考えながら練習してみましょう。

こまるのはどんなとき?

1 「こまる・こまった」となるのはどんなときかな?
下のばめんのなかで「こまる・こまった」となるときに
チェック ☑ を入れてみよう。

ポイント! 「どうしよう」「どうしていいかわからない」となるときが「こまる・こまった」ときです。

- ☐ わすれものをしたとき
- ☐ ものをなくしたとき
- ☐ 遠足にいくとき
- ☐ おふろに入っているとき
- ☐ テレビをみているとき
- ☐ 給食をこぼしたとき
- ☐ だれかを泣かせてしまったとき
- ☐ おなかがいたいとき
- ☐ 授業中にトイレにいきたいとき

ワーク2 じぶんがこまりやすいばめんをしろう

1 じぶん自身ではこまっていることにきづかなくても、まわりの人がきづいていることもあるよ。家族や先生にじぶんがこまりやすいばめんについて聞いてみよう。

聞いた人	じぶんがこまりやすいばめん
例）おかあさん	お金をはらうとき

お店やさんでお金をはらうときかな？こまっているとき肩が上がってかたくなっているよ

わたしがこまりやすいのはどんなばめんだとおもう？

アドバイス
じぶんがこまりやすいばめんをしっておくと、こまったときに準備ができるよ。いろいろな人にじぶんがこまりやすいばめんを聞いて、じぶんならどうするかをかんがえてみよう。

指導のポイント

①「困る・困った」とはどういうときかを伝える

「どうしよう」「どうしたらいいかわからない」となるときが、「困る・困った」ときです。どんなときにそのような状態になることがあるかを確認します。自分から答えるのは難しい子どももいるので、ワーク1のように選択肢をチェックする形をとるとよいでしょう。

②子ども自身にチェックしてもらう

ワーク1には困りやすい状況を含めた場面が書かれているので、自分が困りやすい場面にチェックを入れてもらいます。子どもに合わせて選択肢を書き足すようにするとよいでしょう。子ども自身がチェックすることが大切です。

③困らない場面の確認をする

子どもがチェックを入れなかった場面に関して、どのようにふるまっているかを確認してみると、本当は困る場面だったと気づくことがあります。ワークの最後に「こういうときに本当は困っているのだ」と理解できることをめざします。

こんなときはどうする？

Q 困ったときに固まってしまう子がいます。どう対応したらいいですか？

A まずは、その子の気持ちを受け止めてあげましょう。「困っているんだよね」「○○がいやだったんだよね」と大人が子どもの気持ちを言葉にして伝えることで、子どもはわかってもらえたと安心できます。

Q 困ったときに怒り出す子がいます。どう対応したらいいですか？

A 怒り出す子、固まってしまう子、泣いてしまう子、子どもによってタイプは異なりますが、基本は困っていることに気づいていない、どうしたらいいかわからない状態です。怒り出してしまう子は、まずその場から離れて静かな場所に行く、深呼吸するなど、クールダウンさせて気持ちを受け止めてあげましょう。詳しい方法は『〈6歳児から使えるワークブック①〉発達障害の子の気持ちのコントロール』で紹介しています。

15 困ったときは だれかに助けてもらおう

こんな行動が見られたら

■自分が困っていることがわからない

身につけたいこと

①困ったときに助けを求める方法を知る
②場面に応じた表現の仕方がわかる

　ASDの子どもは、本当は困っているのに、どのようにふるまうのがよいのかがわからずに、不適切な行動をとってしまうことがあります。そのため、本当は困っているのに怒られてしまうという経験をしている子もいます。
　困った場面でだれにどのように言うのがよいかを知っておくのは、それだけでも安心感につながり、いざというときに固まったりパニックになったりして身動きがとれないということを避けられます。場面に応じて困る内容も変わりますが、その際に助けを求める相手も変わります。そして、相手に応じて表現の仕方を変える必要もあります。
　このワークでは、どのような場面で、だれにどのように助けを求めるのがよいかを確認します。ロールプレイを行ってみるのもよいでしょう。

ワーク① こまったときは助けてもらおう

1 「あれ、けしゴムがみつからない！」そんなときに助けてもらう練習をしよう。ばめんやあいてによって、いいかたがちがうんだよ。

① つぎのばめんでは、だれに助けてもらう？
場所にあわせて助けてもらいたいあいてを線でつないでみよう。

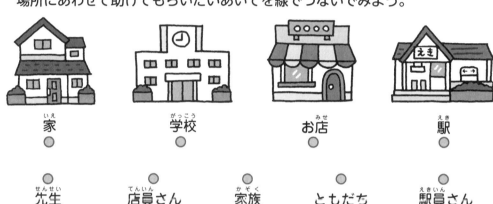

家　　学校　　お店　　駅

先生　　店員さん　　家族　　ともだち　　駅員さん

② あいてにあったいいかたをかんがえよう。
それぞれよいとおもういいかたを線でつないでみよう。

家族　　先生　　店員さん　　ともだち

「けしゴム しらない？」　「先生、けしゴムが みつかりません」　「けしゴム かして？」　「すみません、けしゴムはどこに 売っていますか？」

アドバイス
一番助けをもとめやすいのはだれかな。でもいつもその人がそばにいるわけではないね。ばめんによって助けをもとめるあいてはちがうよ。あいてがきもちよく手助けしてくれるいいかたをかんがえよう。

ワーク❷ 助けをもとめる方法のバリエーションをふやそう

1 つぎのばめんではだれに、どのように助けをもとめるとよいか、かんがえてみよう。

① 授業中に必要なドリルをわすれたことにきづいた。

だれに：

なんというか：

② 家で宿題をしたがわからないところがあった。

だれに：

なんというか：

③ ハンバーガーショップでチーズバーガーセットのドリンクをえらぼうとおもったけれど、どんな種類があるのかわからない。

だれに：

なんというか：

指導のポイント

①場面によってだれに助けを求めることができるかを確認する

困ったときに、子どもが一番助けを求めやすいのは家族です。しかし、その場面に必ずしも家族がいるとは限りません。場面に応じてだれに助けを求めることができるのかを知っておくことが大切です。

②相手によってどのように助けを求めるかを考える

ワーク１の「消しゴムがない」場面のように、何かがなくて困っているとき、ただ「○○がない」と言って助けを求めるのは望ましくありません。「○○がないから○○してほしい」と依頼したり、どうしたらよいかを確認したりするように伝えましょう。

こんなときはどうする？

Q わかっているように見えるのに、どうして動けなくなるのですか？

A どうしたらいいかわからない子もいますが、考えすぎてしまって動けなくなる子もいます。そういうときは、こんなときはどうしたらいいと思うかを言うように促し、子どもの考えを確認します。そして必要に応じて具体的にアドバイスし、「これで大丈夫」という安心感につなげてください。

Q 他の子が泣いているのに笑っています。どういう状態ですか？

A 泣いている理由はともかく、おそらく他の子が泣いているということはわかっているでしょう。人が泣いている横で笑っているのは、早く泣き止んでほしいけれど、どうしたらいいかわからない状態、つまり、困っている状態なのかもしれません。

16 「いや」「やめて」を言おう

こんな行動が見られたら

■いやと言えなかったり、いやなことをされてもニコニコしている

身につけたいこと

①拒否してもいいときがあることを知る
②いやなときに拒否する方法を知る

　ASDの子どものなかには、いやなことがあってもニコニコしていたり、「やめて」「いやだ」と相手に言うことができない子もいます。表面的には楽しそうにしているように見えるかもしれませんが、それをうまく表現できないだけで本人はストレスを感じている可能性もあります。そのような子どもには、いやなことはいやと言っても大丈夫だということ、そうすることが自分自身の身を守る方法だということを教えます。
　このワークでは大人を相手に、実際にいやなものは「いやだ」と声を出して、身ぶりをつけて言ってみる練習をします。やり方によっては、相手に悪い印象を与えてしまうこともあるので、どのようなやり方だとお互いにいやな気持ちにならないでいられるかを考えます。

ワーク❶ 「いや」「やめて」と いってみよう

1 まずはひとりで、いやなきもちになったときに、低い声で短く「いや」「ダメ」「やめて」といってみましょう。なれてきたら手を前につきだしていってみよう。

ポイント！
本当にいやだというきもちがつたわるように、低い声で、短くいおう。ゆっくりしたいいかたで「やめてよー」というと、本気じゃないとおもわれて、あいてにあそんでいるとまちがえられることもあるよ。

2 だれかにいやなことをされたとき、されそうなときに「いや」「ダメ」「やめて」といおう。どんなときにいやなきもちになるか、かんがえてみよう。

例 わる口をいわれたとき　たたかれたとき　ものをとられたとき

_____

_____

_____

アドバイス
頭でわかっていても、いざというときにうまくできないこともあるよ。だけど、実際のばめんを想像して練習しておくと、本当にいやなことをされたときに「いや！」「ダメ！」「やめて」としっかりあいてにつたえることができるよ。

ワーク❷ いやだといっても やめてくれなかったら？

1 いやなことをされたときに、「いやだ」とつたえます。でも、あいてがしつこくてやめてくれないときもあるよね。そんなときはどうしたらよいかな？

① にげる
その場をはなれよう

② 助けをもとめる
近くにいる人や、たよりになる人に「〇〇〇なので、助けてください」といおう

2 たよりになる人に助けをもとめよう。「いやだよ」というきもちと、どうしていやなのか理由もつたえられるようにしよう。たよりになる人というのは、こまったときに助けをもとめられる人だよ。だれがいるかな？

例 おねえちゃん、おかあさん、△△先生、〇〇くん、□□ちゃん、おまわりさん

指導のポイント

①**いやなことをされたときにどのように言うかを伝える**

　いやなことをいやだと言うことは、決して悪いことではありません。「いや」「ダメ」「やめて」と低い声で短く言いましょう。

②**いやだということを伝えるときの身ぶりを伝える**

　言葉だけではなく、手を前につき出すと相手との距離もとれて、いやだと思っていることが伝わりやすくなります。ただし、相手を押してしまわないように注意しましょう。

③**適切な距離を確認する**

　人とやりとりをするときの適切な距離は、[1]（8～9ページ）で確認しましたが、拒否をする場合は、そこからさらに一歩離れた距離が目安です。

こんなときはどうする？

Q いやな思いをしたときに自分で自分を傷つける子がいます。どのような対応をしたらいいですか？

A 不快な気持ちをうまく表現できず、自分の頭をたたいたり、腕をかんだりする子がいます。すぐにその行為を止めて、言葉で気持ちを表現するように促すようにしましょう。また、決まった場面でその行動が見られるようなら、苦手なものから距離を置けるような工夫をしてあげられるとよいでしょう。

Q いやな思いをしたときに相手を攻撃してしまいます。どのような対応をしたらいいですか？

A ちょっとしたことで相手をたたいたり、暴言を吐いたりする子がいます。周囲から「ちょっとしたこと」ととらえられても、本人にとっては重大なことかもしれません。相手を傷つけるのはよくないことだと指導しつつも、まずは「いやだった」という気持ちを受け止めて、攻撃ではなく適切な言葉でいやな気持ちを表現するように促しましょう。うまく表現できたときには、しっかりほめてあげましょう。

17 意見を言おう

こんな行動が見られたら

■意見を言う場面で黙り込んでしまったり、固まってしまい言えない

身につけたいこと

①選択肢から自分の意見を選ぶ
②意見について、その理由を発表する

　話し合いではお互いの意見を交換しますが、自分の意見を伝える前に、自分がどのような意見を持っているのか考えて整理することが必要です。「（よくわからないから）どっちでもいい」「（決められないから）なんでもいい」「絶対にこれじゃないといや」などと、うまく選んだり、他者の意見を柔軟に受け入れたりすることが難しい子どもがいます。たくさんある情報を整理して、自分の意見を持つ（選択をする）ことの練習が必要となる場合もあります。
　このワークでは、意見の伝え方のパターンを覚え、1対1で伝え合えることを目的として、①選択肢から自分の意見を選ぶ、②選んだ選択肢に合った理由を書く、③書いたものを使いながら意見を表明するというステップに区切って、自分の意見を提案する練習をします。

ワーク① いけんをいう練習をしよう

1 ある日、きみは宇宙人にであいました。
さて、きみはどういう行動をとるのがいいとおもうかな？

① えらんで、数字に○をつけよう。

1 宇宙人とたたかう
2 宇宙人に話しかけてみる
3 宇宙人からにげる

② では、そのいけんをどういうふうにつたえたらよいか、かんがえてみよう。

> わたし／ぼくは＿＿＿番です。
> なぜなら＿＿＿＿＿＿＿＿＿＿＿＿＿＿＿＿＿＿＿＿だからです。

③ いけんが整理できたら、じぶんのいけんを発表してみよう。
ほかの人のいけんを聞いて、じぶんとおなじかちがうかもかんがえていえると、とてもじょうずないけんのつたえかたになるよ。

> わたし／ぼくは＿＿＿さんと（ おなじで ・ ちがって ）＿＿＿番です。
> なぜなら＿＿＿＿＿＿＿＿＿＿＿＿＿＿＿＿＿＿＿＿だからです。

④ ①たたかう、②話しかけてみる、③にげる以外のいけんをかんがえて、発表してみよう。

> わたし／ぼくは＿＿＿＿＿です。
> なぜなら＿＿＿＿＿＿＿＿＿＿＿＿＿＿＿＿＿＿＿＿だからです。

ワーク② きみのいけんはどっち?

🌸1 4つの質問をするよ。キミのいけんはどっちかな? じぶんのいけんを決めて、みんなに発表してみよう。

❶すきな色はどっち? 赤? 青?
❷あそびにいくならどっち? 海? 山?
❸すきな季節はどっち? 夏? 冬?
❹ふだんの朝ごはんはどっち? パン? ごはん?

①じぶんのいけんはどっちかな? 発表できるようにいけんをまとめてみよう。

　すきな色は＿＿＿＿＿＿です。
　なぜなら＿＿＿＿＿＿＿＿＿＿＿＿＿＿＿＿＿＿＿＿＿＿＿だからです。

　あそびにいきたいのは＿＿＿＿＿＿です。
　なぜなら＿＿＿＿＿＿＿＿＿＿＿＿＿＿＿＿＿＿＿＿＿＿＿だからです。

　すきな季節は＿＿＿＿＿＿です。
　なぜなら＿＿＿＿＿＿＿＿＿＿＿＿＿＿＿＿＿＿＿＿＿＿＿だからです。

　ふだんの朝ごはんは＿＿＿＿＿＿です。
　なぜなら＿＿＿＿＿＿＿＿＿＿＿＿＿＿＿＿＿＿＿＿＿＿＿だからです。

②いけんが整理できたら、じぶんのいけんを発表してみよう。
③じぶんとはちがう選択肢をえらんだ人のいけんを聞いてみよう。
④選択肢にはないこたえ・いけんがあったら、かんがえて発表してみよう。

例
　すきな色は　みどり　です。
　なぜなら　小さいときからおきにいりのカエルのぬいぐるみがみどり色
　だからです。

指導のポイント

①子どもに合わせて選択肢の数を変える

子どもによっては、思いがなかなか文章にならず、理由が書けない場合があります。そのようなときは、選択肢を提示して自分の思いに近いものを選ぶところからはじめてみましょう。最初は2択からはじめ、少しずつ選択肢を増やしていき、最終的には自分の言葉で書けるようにスモールステップで進めていきましょう。

②まずは意見が言えたことをほめて伸ばす

ここでは、意見の内容ではなく、"意見を言えたこと"を具体的にほめましょう。「意見を言えることはすごいね」「そうやって理由を言ってくれるとすごくよくわかる！」などと伝えることで、まずは子どもに、自分の意見とその理由を伝えるメリットを感じてもらうようにしましょう。

こんなときはどうする？

Q 自分の意見をなかなか決められない子がいます。

A 自分の意見を決めたり、書いたりできない子が何に難しさを感じているかを探ってみてください。問いかけが難しいのかもしれませんし、みんなの前で発表することへの恥ずかしさなどが隠れているかもしれません。まずは、その子が意見を決められない理由について考えてみましょう。どうしても決められない場合には、大人と1対1で自分の好きなものを表現するところからはじめてみましょう。

Q 自分の意見は書けますが、みんなの前で発表することができません。

A 自分の意見は持っていても、みんなの前で発表することが難しい子どももいます。そのような場合はいきなり言葉で意見を表明するのではなく、別の形で意見を表明できるように工夫してみましょう。例えば、ワーク2をグループで行う際、部屋の真ん中でチーム分けをして、それぞれの答えについてチームごとに考え、発表してもらうと、子どもたちはゲーム感覚で楽しめます。

18 理由をつけて意見を言う意味を知ろう

こんな行動が見られたら

■ 他の人の意見にいつも合わせてしまう

身につけたいこと

①自分の意見の理由を言う
②理由を言ったときと言わないときでは、相手の気持ちが変わることを知る

　自分の意見をじょうずに相手に伝えるには、意見の内容だけでなく、"なぜ、そう考えたのか"という理由を伝えることが重要です。このワークでは、自分の意見を、理由を言わずに押し通そうとした場合と、理由も合わせて伝えた場合では、相手の気持ちが変化することを学びます。理由を伝えたことで相手の気持ちが変化することを知り、理由を伝えることの重要性を実感することができます。

　ただし、人の気持ちは目で見ることのできないものなので、ASDの子どもにとってわかりにくいものです。そこで、「気持ちのものさし」という目で見てわかるツールを使用します。「気持ちのものさし」は、相手の意見に納得する気持ちや賛成する気持ちの大きさを、5段階の数字で表現するものです。数字で表現することで、気持ちの変化を比較しやすくなります。

ワーク① きもちのものさしでくらべよう

❶ さんせい・はんたいのいけんは「きもちのものさし」であらわすことができます。

1	2	3	4	5
いやだよ ぜったいはんたい！	うーん ちょっとはんたい	なやむなあ どっちにしよう	まあ、 いいのかな	さんせい！ いいね

❷ AとBのいいかたでさそわれたよ。どんなきもちになったかな？ 「きもちのものさし」でくらべてみよう。

あたらしい科学館ができました。その科学館では、日本で一番大きなプラネタリウムや竜巻をつくる実験をみることができます。

A　じぶんのきもちだけをつたえたばあい

わたし、ぜったいに科学館にいきたい！　決まりね！

「きもちのものさし」は何番？ ……　☐

B　じぶんのきもちと理由をつたえたばあい

わたしは科学館にいきたいな。どうしてかというと日本一大きなプラネタリウムとか、竜巻をつくる実験をみてみたいからだよ。

「きもちのものさし」は何番？ ……　☐

ワーク❷ いけんと理由をいっしょにつたえよう

1 いけんと理由をセットでつたえる練習です。

① いけんと理由がかかれたカードを用意します。ふたりペアになって、ひとりがカードを引いて、カードを読みます。
② もうひとりは、それを聞いて「きもちのものさし」を動かします。
③ 役割を交代しておこないます。

例 クラスでレクリエーションをすることになりました。なにをしますか？

カード❶
[いけん] 伝言ゲームがいいとおもいます。
[理　由] あまり動かなくていいからです。

カード❷
[いけん] ドッジボールがいいとおもいます。
[理　由] からだを動かすときもちいいからです。

カード❸
[いけん] 「ジェスチャーゲーム」がいいとおもいます。
[理　由] いろいろ考えてあてるのがわくわくするからです。

カード❹
[いけん] フルーツバスケットがいいとおもいます。
[理　由] クラスのみんながルールをしっているからです。

2 じぶんたちのカードをつくって、やってみましょう。

カード❺
[いけん]
[理　由]

カード❻
[いけん]
[理　由]

3 そのほかの場面でも、いけんと理由カードをつくって、いけんと理由をいっしょにあいてにつたえ、「きもちのものさし」がどう動いたのか、その理由をかんがえてみましょう。

指導のポイント

①相手の気持ちに目を向けさせる

自分の気持ちを押し通してしまいがちな子どもは、相手の「気持ちのものさし」への関心が向きにくいようです。ワークでは相手の「気持ちのものさし」がどう動いたかを大人に報告するように促すなど、相手の気持ちの変化に関心が向くように工夫する必要があります。

②「気持ちのものさし」が動かない場合もあることを伝える

理由さえ伝えれば、いつでも自分の意見が通るものだと勘違いしてしまう場合があります。理由を伝えても賛成してもらえない場合もあること、あくまで、"相手の「気持ちのものさし」が動きやすくなる"のだということが理解できるように、説明しましょう。

こんなときはどうする？

Q 自分の意見がなかなか決まらない場合はどうすればよいですか？

A 子どもたちのなかには、自分の意見を決めることがなかなか難しい子もいます。一つに決まらなかったとしても、まずはワーク2を使って、伝える練習をしてみてください。意見や思いが自分の中で一つに決まらなくても、表明することに意味にあると実感していくことで、少しずつ意見を決められるようになります。

Q 意見の伝え方が強すぎる場合はどうすればよいですか？

A 理由をうまく伝えられていたとしても、言い方や声の大きさなどでなかなか相手の「気持ちのものさし」が動かないこともあります。そのような場合は、[1]～[12]（7～54ページ）話し方・伝え方の基本に戻って、話し方のスキルを繰り返し練習しましょう。

19 相手の意見をじょうずに聞こう

こんな行動が見られたら

■状況を無視して、自分の意見や気持ちだけを主張し、押し通そうとする

身につけたいこと

①自分の意見も相手の意見も公平に扱うことを学ぶ
②「気持ちのてんびん」がつり合うことが大切であることを知る

　話し合いをじょうずに進めていくためには、相手と自分、双方の意見や気持ちに目を向ける必要があります。自分の意見を押し通そうとしてしまいがちな子どもは、自分の意見で頭がいっぱいであるため、なかなか相手の気持ちや考えに目を向けることができません。
　一方、他の子どもの意見に合わせてしまいがちな子どもは、自分の気持ちを抑え込んでしまったり、意見を伝えることをあきらめてしまったりしがちです。
　お互いの気持ちに目を向けて、それぞれの気持ちを大切にしようとすると、お互いに"いい気持ち"でいることができ、友好的な関係を続けていくことができます。そのことを「気持ちのてんびん」というイメージを使って、子どもたちにわかりやすい形で伝えます。

ワーク❶ じぶんのいけんもあいてのいけんもだいじにするってどんなこと？

1 1〜6をみて、Aさん、Bさんはどんなきもちになったかをかんがえてみよう。

AさんとBさんはつぎの日曜日にふたりであそぶやくそくをしていて、どこへいくかを決めることになりました。
Aさんはてつぼうの練習がしたいので「公園にいきたい！」とおもっています。
Bさんはおえかきがしたいので「家にきてほしい！」とおもっています。

1 Aさん「日曜日なにをしようか？」 Bさん
2 「公園でてつぼうをしようよ！」 「本当は家でおえかきがしたい……」
3 「てつぼうに決まりね！」
4 「なんでAさんが決めるの！」
5 「10時に公園にきてね」 「ムッ…」
6 「Bさんはどうして返事してくれないの？」

Aさんのきもち　　　　Bさんのきもち

ワーク❷ 「きもちのてんびん」でかんがえよう

1 「きもちのてんびん」がつりあうと、おたがいにいいきもちで話をして、問題を解決させることができます。

「きもちのてんびん」がつりあうとき	「きもちのてんびん」がつりあわないとき
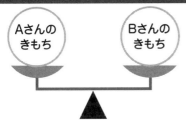	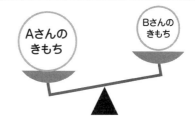
おたがいにいいきもちなので、あいてとなかよしでいられます。	きもちのてんびんがつりあわないと、どちらかががまんしたり、いやなきもちになります。あいてとなかがわるくなる原因にもなります。

2 ワーク1のAさんとBさんの本当のきもちを聞いて、ふたりの「きもちのてんびん」がつりあうためには、AさんとBさんがそれぞれどうすればよかったのかな？

Aさんの本当のきもち

Bさんがなにもいわないからさんせいだとおもっていたんだよ。Bさんがどうしたいかわからない

★かいてみよう

Bさんの本当のきもち

Aさんがじぶんのいけんばかりいって、わたしのいけんをぜんぜん聞いてくれなくていやだった

★かいてみよう

指導のポイント

①気持ちを考えるヒントを提供する

状況、セリフ、表情から考えられるように、必要に応じて、「Bさんはどんな表情をしているかな？」など、考えるヒントを提示しましょう。結果的にわからなかったとしても、双方の気持ちに目を向けてみるという体験が重要です。

②大切なのは、"お互いにいい気持ちでいられること"

「自分の意見が通ればそれでいい」「自分ががまんしてすむならそれでいい」という子どももいるかもしれません。「気持ちのてんびん」が傾くことが続いたら、「仲よしでいられるのかな？」「いっしょにいて楽しいかな？」と問いかけて、みんなで考えてみるとよいでしょう。

③自分の気持ちでも、他の人の気持ちでも試してみる

Aさん、Bさんの気持ちのワークで慣れてきたら、子ども自身の気持ちとだれか他の人の気持ちで試してみましょう。自分の気持ちや相手の気持ちを扱うことが難しい場合は『〈6歳児から使えるワークブック①〉発達障害の子の気持ちのコントロール』の［1］［2］（7〜14ページ）などといっしょに進めていくとよいでしょう。

こんなときはどうする？

Q 子どもがなかなか場面を理解できなかったり、気持ちに目を向けられない場合はどうすればよいですか？

A 子どもたちが場面を理解できなかったり、気持ちに目を向けられない場合には、ヒントを出す以外の方法を考える必要があります。ワークシートだけを使うのではなく、大人が場面を演じてみせることで、取り組みやすくなるでしょう。

Q 日常場面で応用するためには、どうすればよいですか？

A 「気持ちのてんびん」は、ワークのときだけではなく、日常生活のなかで意見が折り合わなかったときにも積極的に使ってください。「気持ちのてんびん」がじょうずに使えるようになれば、日常生活でも意見をじょうずに伝えられるようになるでしょう。

20 話し合いのルールを知ろう

こんな行動が見られたら

■話し合いに参加せず、黙っている。または、一方的に話し合いを進めて、すぐに結論を出そうとする

身につけたいこと

①話し合いをするときのルール・マナーを知る
②話し合いをすることのメリットを知る

　お互いにいやな思いをせず、スムーズに話し合いを進めるためには、みんなが共通して「話し合いのルール」を理解し、守ろうとすることが大切です。話し合いのルールには、学級などで明確に決められたルールと、明確には決められていないけれど、"なんとなく守ったほうがいいとされているルール" があります。

　一方で、"なんとなく守ったほうがいいとされているルール" は、ASDの子どもたちにとって自然には気づきにくく、そのルールを理解していないために話し合いがじょうずに進められずに、本人や周りが困ってしまうことも少なくありません。

　このワークでは、人に話すときのルールや人の話を聞くときのルール（声の大きさやスピード、表情、視線、姿勢、ジェスチャー）など、基本的なルールを取り上げ、一つひとつていねいに確認していきます。

ワーク① 話しあい名人になろう

1 話しあいをするときには、〈していいこと〉と〈してはいけないこと〉があります。正しいとおもうものには○、まちがっているとおもうものには×をつけてみよう。

- [ ] あいての目をみて、話を聞く。
- [ ] じぶんのいけんにさんせいしてくれないから怒る。
- [ ] あいてに聞こえないくらい小さな声でいけんをいう。
- [ ] やさしいえがおで話を聞く。
- [ ] 話している人のほうに、からだを向ける。
- [ ] あいての話を、うなずきながら聞く。
- [ ] あいてのいけんもいいなとおもったから、「いいね、さんせい！」とつたえる。
- [ ] あいてのいけんに、ぜったいはんたい！ とおもったら、「つまらなそう！　いやだ！」とつたえる。
- [ ] あいてに聞きとりやすいはやさで話す。
- [ ] 話している人が、話しおわる前にしゃべりはじめる。
- [ ] となりのクラスに聞こえるほど大きな声で、じぶんのいけんをいう。

2 みんなが、どれに○をつけたか聞いてみよう。どうして○や×をつけたか、理由も聞いてみよう。

84

ワーク❷ 話しあいはなんのためにするの？

❶ 話しあいをすると、どんなよいことがあるのかな？
やすみの日にどこにあそびにいくか、ともだちと話しあうばめんをかんがえてみよう。

★かいてみよう

---

❷ 「おひるごはんになにをたべるか？」や「あそびにいくときの集合時間をどうするか？」などテーマを決めて話しあいをしてみよう。

指導のポイント

①ワーク１でなぜ○をつけたのか（×をつけたのか）の理由を大切に

　理由を確認することで、話し合いのルールをどこまで理解できているのかを知ることができます。×をつけた項目については、×である理由を考えるだけでなく、どうすればよいかを考える機会をつくりましょう。また声の大きさや、速さについては、どれぐらいの声の大きさ（速さ）が適切であるかを、実際に声に出して確認するとよいでしょう。

②話し合いで〈していいこと〉〈してはいけないこと〉の項目を増やしてもよい

　ワーク１では、子どもたちの様子や学級目標などに合わせて〈していいこと〉〈してはいけないこと〉の項目を追加するとよいでしょう。項目は、○×がはっきりとつけやすいものにしましょう。また、抽象的な言葉では伝わりにくいため、具体的な行動を示しましょう。

③話し合いのメリットを教えましょう

　話し合いをすることで、自分だけでは思いつかないようなアイデアが出てきたり、みんなが納得していい気持ちになれる結論にたどり着いたりと、さまざまなメリットがあります。しかし一方的に自分の意見を話してすぐに結論を出そうする子どもや、話し合いに参加せずに黙ったままでいる子どものなかには、"なぜ話し合いをするのか？"ということを十分に理解できていない、実感できていない子どももいます。

　話し合いのメリットを知り実感することは、より積極的に、ルールを守って話し合いに参加しようとする意欲につながります。子ども自身に、話し合いをすることのメリットを考える機会にしましょう。

こんなときはどうする？

Q 話し合いで意見を聞くと、いつも黙ってしまう子がいます。

A 人前で意見を言うのは簡単なことではありません。最初は不安を感じることも多いかもしれませんが、ワークなどで場面を決めて繰り返し練習することで、少しずつ「言ってよかった！」という経験を積んでいきましょう。

21 意見の違いを解決しよう

こんな行動が見られたら

■自分と相手の意見が違った場合、どうしていいのかわからず困ってしまう

身につけたいこと

①「気持ちのてんびん」がつり合わないときの解決方法を知る
②それぞれの解決方法のメリット、デメリットを知る

話し合いで意見が食い違ったとき、どのように解決したらよいでしょうか？ つまり、「気持ちのてんびん」がつり合っていない場合の対処法です。

このワークでは、子どもたちに話し合いで解決方法を考えてもらいます。みんなで解決方法を出し合うことで、じゃんけんや多数決、くじ引きなどさまざまな解決方法があることを知ることができます。また、それぞれの解決方法のいいところを考えてもらいます。解決方法がパターン化しがちな子どもがそのバリエーションを増やしていくには、解決方法の種類と、それぞれの利点を知っておくことが重要です。

ワーク❶ 「きもちのてんびん」がつりあわないとき

1 「きもちのてんびん」がつりあわないときは、どうしたらいいかな？　どんなときにいけんのちがいが解決するかをかんがえてみよう。

あいてのいけんにじぶんが　　　　　あいてがじぶんのいけんに
さんせいしたとき　　解決！　　　　さんせいしてくれたとき　　解決！

ポイント！　いつもあいてとじぶんがおなじいけんになるとはかぎらないよ！

2 「きもちのてんびん」（81ページ）がつりあうようにするための方法を、たくさんかんがえてみよう。

例　・じゃんけん　・多数決　・あみだくじ

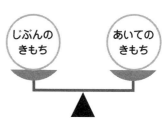

ワーク❷ 解決方法のよいところとわるいところ

1 さまざまな解決方法があることがわかったら、それぞれの解決方法のよいところ（メリット）、わるいところ（デメリット）をかんがえて、表にかいてみよう。

解決方法	よいところ	わるいところ
例 多数決	はやく決まる	さんせいできない人のきもちが、かんがえられていない

アドバイス
解決方法には100％よいという方法はなく、よいところ、わるいところがあるよ。それをわかっておけば、その場で適切な方法をえらぶことができるようになるよ。

指導のポイント

① 「気持ちのてんびん」がつり合わない場面が具体的に思い浮かぶように

「したいこと」や「意見」が食い違う、または対立するといった、子どもにとって身近な場面を例に出し、「気持ちのてんびん」がつり合わないときを具体的にイメージできるようにしましょう。子どもたちの前で大人が演じるなど再現してみるのも一つの方法です。

② 「相手に譲る」「さらに相手を説得する」という解決方法が出てきたら……

他の解決方法と同じように、これらの解決方法をとると、双方の「気持ちのてんびん」がつり合うかどうかを確認します。少し難しいかもしれませんが、「がまんして譲るにしても、どのようにしたら少しいい気持ちになれるかな？」「どうしてあげたら、がまんした相手もいい気持ちになれるかな？」と問いかけて、考える機会を持ってみるのもよいでしょう。

こんなときはどうする？

Q いつも同じ決め方になってしまうのですが、どうしたらよいですか？

A 一つの方法でうまくいくと、その解決方法に頼ってしまいがちになります。メリット・デメリットを考えたうえで、その方法を選んでいればよいのですが、他の解決方法を試したことがないから、他の方法を選ばない可能性もあります。そのような場合は、メリット・デメリットを考えるだけでなく、実際に別の解決方法を使ってみるように促すことも大切だと思います。

Q 練習ではできるのですが、実際の場面ではなかなか話し合いができません。

A 練習で話し合いのやり方を身につけることはとても大切です。ただ練習だけでは実際の場面でうまくいかないこともあります。そのような場合は、話し合いの意味が実感できていないこともあるので、実際に話し合ってよかったという経験につなげることが大切です。

22 話し合いで意見をまとめよう

こんな行動が見られたら

■グループでの話し合いで意見がうまく言えない

身につけたいこと

①3～5人のグループで話し合いができる
②話し合いの解決策を考えて、意見を一つにまとめられる

　話し合いに必要な基本的なスキルやルール、解決方法について学んだら、実際に話し合いをしてみましょう。話し合いのテーマは、子どもたちが、遊び感覚で楽しみながら参加でき、興味を持てるものがよいでしょう。また、話し合いに慣れるまでは、自分の意見を考えやすいように選択肢を用意し、取り組みやすくします。
　このワークでは、それぞれの選択肢にメリット・デメリットが用意してあります。それらの情報を考えながら、自分がその意見を選んだ理由を発表します。意見が出尽くしたところで、話し合いの解決方法を考えてもらい、最終的には意見を一つにまとめることをめざします。

ワーク❶ 話しあって決めよう！

1 ともだちとタイムマシーンにのって、2000年前の世界へいきました。そこでしりあった王さまから、おみやげにお宝をひとつだけもらえることになりました。3つのお宝のうち、どれをもらうか、ふたりペアになって話しあって決めよう。

どのお宝をゲットする？

1 王さまのかんむり
キラキラしているよ！

2 2000年前のお金
だれももっていないめずらしいものだよ！

3 宝ばこ
なかになにが入っているかは帰ってからのおたのしみ！

えらんだ番号　□

えらんだ理由
_____
_____

おとなの方へ

いきなり話し合いをはじめるのが難しい場合は、まず、自分の意見をそれぞれ書いてから、意見交換をはじめるとよいでしょう。人数も2人からはじめて、少しずつ増やしていきます。

ワーク❷ グループで話しあって決める練習をしよう

1 ひるやすみにクラスのみんなとできるあそびを決めよう。やりたいあそびをグループでかんがえていけんをだしあい、話しあおう。

① じぶんのいけんと、その理由をかいてみよう。

「みんなでたのしめるもの」「20分くらいであそべるもの」というあそびにかぎるよ。

じぶんがやりたいあそび

理由

----

② じぶんのいけんをかいたら、みんなの前でいけんを発表しましょう。おとなは、全員のいけんをホワイトボードなどにかきだします。

みんなのいけん

----

③ ②でかきだしたみんなのいけんのなかから、ひとつのあそびをえらんでみましょう。

みんなで決めたあそび

指導のポイント

①ワークをはじめる前に意見の伝え方や話し合いのルールを確認する

実際にワークをはじめる前に、[17]（71〜74ページ）、[18]（75〜78ページ）、[20]（83〜86ページ）で学んだ意見の伝え方や話し合いのルールについて確認し、意識しながら参加できるようにしましょう。

②みんなで決めた意見に文句を言わないことを事前に確認する

多数決やじゃんけんなどで負けて自分の意見が通らない場合に文句を言わないことも、話し合いのルールであることを事前に確認しておきましょう。

③フィードバックやふり返りを大切に

話し方や聞き方など、よかったところを具体的にフィードバックしましょう。また、話し合いがどうだったかを子どもたち自身がふり返る機会を持ちましょう。

こんなときはどうする？

Q すぐに自分の意見を取り下げてしまいがちな子がいます。

A すぐに自分の意見を取り下げてしまうのは、「たまに」であればよいのですが、「いつも」だといつも自分のやりたいことなどの意見が伝わらず、「気持ちのてんびん」がつり合わないままになってしまいます。そのような場合には、次の2つの配慮が大切です。

❶本人にとって主張する意味がある話題を選ぶこと
❷グループのメンバー編成を考える（変えること）

❶の配慮が大切なのは、本人にとって意味のある話題でないときに、モチベーションが上がらず、「どっちでもいい」と自分の意見を主張しないことにつながるからです。

❷の配慮が大切なのは、自分の意見を強く主張できないタイプの子にとって、意見を強く主張するタイプの子が多いグループで意見を主張するのは、ハードルが高すぎる場合があるからです。

23 確認・報告の大切さを知ろう

こんな行動が見られたら

■やり方がわからないときに、自分勝手に進めてしまう

身につけたいこと

①確認するとはどんなことか、そのメリットを知る
②報告するとはどんなことか、そのメリットを知る

　家庭や学校で、「わからなかったら、どうして聞かないの？」「どうして確認せずに、勝手にやるの？」と注意されてしまうことが多い子どもたちがいます。わからないまま自分勝手なやり方で物事を進めてしまったり、ぼんやりと過ごしてしまったりする理由の一つには、そもそも、どんな場合に確認が必要なのか、確認するとはどういうことなのかがわかっていない場合があります。
　このワークでは、確認することや報告することとはどういうことか、確認・報告せずにいるとどんな結果になってしまうのか、どう行動すればよかったのかを学んでいきます。

ワーク❶ どのタイミングで確認したらよいかな？

1 Aさんはそうじ当番のとき、じぶんの役割がわからなくなってしまいました。ぼーっと立っていたら、班長に怒られてしまいました。

Aさんは、なにをすればよいかわからなくて、ぼーっと立っているね。

班長はAさんはがそうじをしないで、ぼーっと立っていたことを怒っているよ。

① Aさんはどうして怒られてしまったのかな？

② Aさんは、どうすればよかったのかな？ くわしくかんがえてみましょう。

ポイント！

「どうすればよかったのか？」をかんがえるときは、「班長に聞けばよかった」というだけでなく、「どんなふうに班長に聞けばよかったか」をかんがえましょう。

ワーク❷ 報告できるようになろう

1 報告しないと、どうなるの？

社会科見学で工場へいったAくんは、工場の人がせつめいをしているときにトイレにいきたくなりました。「どうしよう……」とこまってしまったAくんでしたが、だれにもいわずにトイレにいきました。Aくんがいないことに気づいたおなじグループの子や先生たちは、大あわてでAくんをさがしました。
トイレからもどったAくんは、先生から怒られてしまいました。

① Aくんはどうしてこまっていたのかな？

② Aくんは、どうすればよかったのかな？

2 報告するって、どんないいことがあるのかな？
かんがえてかいてみよう。

指導のポイント

①場面をきちんと理解できているかを確認する

　イラストや絵を見て場面を理解することが得意な子どももいますが、苦手な子もいます。目で見た場面を理解することが苦手な子どもの場合には、言葉で補足説明をし、場面をきちんと理解できるように手助けしましょう。

②「確認する」「報告する」ことが必要な状況を理解してもらう

　自分の状況を「確認」や「報告」することは、これからの予定を相手にわかってもらえるだけでなく、それを元にアドバイスがもらえたり、次に必要な準備を手伝ってもらえたりすることにもつながります。どんな状況で「確認する」「報告する」ことが求められるのかを理解できていないために困った状態に陥ってしまう場合もあります。このワークで用意した場面以外にもいろいろ試して、少しずつ理解を深めていきましょう。

こんなときはどうする？

Q 「確認する」「報告する」という言葉にピンと来ない場合にはどうすればよい？

A 具体的な場面を挙げて、「あのとき、先生に確認（報告）してねって言ったよね？それって、何をしてっていうことだったかな？」というような問いかけをして、考えるヒントを提示しましょう。どんな場面で確認（報告）を求められたことがあるかをたずねてみてもよいでしょう。また実際に「確認する」「報告する」体験を通して理解していくことも多いと思われるので、具体的な行動をした後で、「これが確認（報告）するということだよ」と伝えましょう。

Q 実際に確認（報告）する場面になると緊張してできないようです。どうすればよいですか？

A 理解できていても実際に確認（報告）する場面では緊張してしまって言えないこともあるかもしれません。そのようなときは、「どうしてできないのか」と理由を求めすぎるのではなく、次の［24］のワーク（100～101ページ）で、大人といっしょに取り組みながら、少しずつ確認（報告）してよかった経験を積み重ねていきましょう。

24 確認・報告の練習をしよう

こんな行動が見られたら

■確認・報告する相手やタイミングがわからない

身につけたいこと

①内容や場面によって、確認・報告する相手が違うことを知る
②実際に確認・報告をする練習をする

　子どものなかには、確認や報告が必要であることはわかっているけれども、実際に行動に移すことが難しい子どもがいます。だれに何と言えばいいのかがわからないために、そのまま何もせずにやり過ごそうとしてしまう子どもたちも少なくありません。話しかけるタイミングがつかめないために、黙ったままでいる場合もあります。また、実際に行動に移すことができていても、確認や報告する相手がふさわしくない場合や、タイミングが遅すぎたり、回数が多すぎたりする場合もあります。
　このワークでは、いつ、だれに、どんな内容を、確認・報告するとよいのかを学んでいきます。

ワーク❶ だれに確認・報告すればよいかな？

1 ばめんとつたえるあいてを線でむすぼう。

ばめん

- 担任の先生が明日のもちものをいったが、聞きのがしてしまったので、「明日のもちものはなんですか？」と聞く。

- 算数の時間に、計算プリントがくばられた。やってもいいのかわからなかったので、「やりはじめていいですか？」と聞く。

- 体育の時間に、校庭にでてからぼうしをわすれたことに気がついた。「ぼうしをとりにいってきます」といって、教室へぼうしをとりにいく。

- 部活の先生が明日の集合時間をいっていたが、なん時だったかわすれてしまったので、おしえてもらう。

- きょうは、ともだちとあそぶやくそくをしている。家をでる前に、「○○ちゃんと公園であそんでくるね。5時には帰ってくるよ」とつたえる。

- 担任の先生から「つくえをならべるの手つだって」とおねがいされた。どこにならべたらよいのかわからなかったので、「どこにならべたらいいですか？」と聞く。

- ○月×日に授業さんかんがある。「○月×日に授業さんかんがあるから、きてね」とつたえる。

- ともだちがやすみ時間に漢字ドリルを一生けんめいやっている。どうしても話しかけたいことがあったので、「今、いいかな？」と聞いてから、話をする。

あいて

○ 担任の先生

○ ともだち

○ おとうさんかおかあさん

○ 部活の先生

ワーク❷ あいてにあわせた確認・報告のしかた

1 確認や報告するあいてが用事をしている、話し中であるなど、ばめんをいくつかかんがえて、声をかけるべきかどうか、もし声をかけるとしたら、どのように声をかけるとよいかをかんがえてみよう。

例）・用事がおわるのをまってから声をかける。
・日直のしごと中に「ごめんね。ちょっと話を聞いてほしいんだ」という。

あいてが用事をしている

だれかと話している

あいてが怒っている

あいてがねむたそう

指導のポイント

①選ぶ相手は複数でもよいことを伝える

例えば明日の持ち物を聞き逃してしまった場合には、担任の先生に確認してもよいし、クラスの友だちに聞いてみてもよいでしょう。このように、確認・報告するとよい（してもよい）相手は一人ではないことを伝えましょう。ワーク1で示した相手以外にも伝えるべき相手を考えてみるとよいでしょう。

②実際の場面で練習する

ワーク1・2が終わったら、実際の場面に応用してみましょう。

まずは本人と相談して取り組みやすいところからはじめます。

確実に、相手からよい反応が得られるように、確認される、報告される相手にも練習していることを伝えておけるとよいでしょう。

こんなときはどうする？

Q 声のかけ方のアイデアがなかなか出てこない場合はどうしたらよいですか？

A イラストや絵を理解することが得意な子どももいますので、話しかける相手の様子を絵カードなどにするとわかりやすいでしょう。また、「今ちょっといいですか？」「お話し中すみません」「あのー」「聞いてください！」など、声のかけ方の選択肢をいくつか用意するとよいでしょう。

Q ワーク1で伝える相手をスムーズに選ぶことが難しいときは、どんなアドバイスをするとよいですか？

A いつ、どこでの出来事なのかが理解できるよう、場面をていねいに整理しましょう。「確認」であれば、たずねてみて答えてもらえそうな相手かどうかを考えるように促します。「報告」であれば、だれがそのことについて知りたいと思っているか、だれに知らせるべきかを考えるように促します。

25 じょうずに電話をかけよう

こんな行動が見られたら

■電話をかけるのが苦手・電話が鳴っても出られない

身につけたいこと

①電話に出る、かけられるようになる
②電話に出たとき、かけたときの言い方に慣れる

ASDの子どものなかには「電話が苦手」と電話に出ようとしない子も少なくありません。保護者の方から「電話が鳴ると逃げていく」という話を聞くこともしばしばあります。電話は相手の表情や様子が見えないために、どういう反応をすればよいのかわからなくなってしまうのかもしれません。ここでは、電話での基本的なやりとりのロールプレイを体験し、慣れることを目的にしています。携帯電話やスマートフォンが普及した現在でも、基本的な電話での応答は非常に大切です。

まず、友だちとのロールプレイを通し、電話の出かたのフレーズに慣れてから、家族に電話を取りつぐ練習をします。

電話に出たときの話し方は、ある程度決まったいくつかのパターンに分けられます。お決まりのパターンに慣れれば苦手意識も少なくなっていくでしょう。

ワーク① 電話のやりとりを学ぼう！

1 電話をかける人とうける人にわかれて、やりとりをしてみよう。＿＿＿＿には、電話をかける人の名前をかくよ。＿＿＿＿には、電話をうける人の名前をかきこもう。

① ともだちに電話をしたら、ともだちが電話にでたとき

A／はい ＿＿＿＿＿＿＿＿＿＿ です。

B／もしもし、＿＿＿＿＿＿＿＿＿＿ です。
　　　　　　　　　　　＿＿＿＿＿＿＿＿ さんいますか?

A／はい。　ぼく ・ わたし　 です。

② 家の電話にでたら家族あての電話だったとき

A／はい ＿＿＿＿＿＿＿＿＿＿ です。

B／もしもし、＿＿＿＿＿＿＿＿＿＿ です。
　　　　　　　　　　　＿＿＿＿＿＿＿＿ さんいらっしゃいますか?

A／はい。います。おまちください。
《家の人にかわる》

2 まちがい電話をかけたばあいやうけたばあい、家の人がるすだったばあい、るすばん電話につながったばあいでも練習してみよう。なにをどんなふうに電話のあいてにつたえるといいかな？

104

ワーク❷ 実際に電話をかけてみよう

❶ 身近な人に電話をかけてみましょう。電話をかける前に、話すことを決めてメモをつくろう。

●電話をかけるあいて：＿＿＿＿＿＿＿＿＿＿＿＿＿＿＿＿＿＿＿＿＿＿＿

●＿＿＿＿＿＿さんの電話番号：（　　　　　　　　　　　　　　　）

●つたえたいこと：

----

❷ ❶のメモをつかって電話の練習をしよう！ 練習ができたら実際に電話をかけてみよう。

もしもし、＿＿＿＿＿＿＿＿＿＿です。＿＿＿＿＿＿＿＿さんいますか?

ポイント！ 用事のあいてが電話にでたら、つたえたいことを話すよ。

ちょっと話したいことがあるんだけど＿＿＿＿＿＿＿＿＿＿＿＿＿＿

アドバイス
電話をするときには、話しかたによってあいての印象や会話がよくもわるくもなるということも学べるとよいでしょう。話しかたのポイントはつぎの3つです。
- ●ていねいなことばで
- ●はきはきと
- ●聞きやすいスピードで

指導のポイント

①さまざまな場面を想定してロールプレイで練習する

"電話の場面"といっても、自分に用件があって電話がある場合だけでなく、家族のだれかに取りつぐことが必要な場合や、家族が留守の場合もあります。また、セールスの電話などがかかってくる場合もあります。さまざまな場面を想定して、応答の仕方をロールプレイで練習する必要があります。

②迷惑電話の応答についても伝える

個人情報を聞き出したり、セールスや勧誘の電話がかかってくる可能性もあります。自分でどう対応すべきかがよくわからない電話は、「家の人にかわります」「よくわかりません」などと応えることが必要だという指導をしておくとよいでしょう。このことは、自分の携帯電話やスマートフォンを持ちはじめた子どもにとっても非常に重要なことです。自分の携帯電話やスマートフォンにかかってきた場合も練習してみましょう。

こんなときはどうする？

Q 電話に出る機会が少ない場合はどうすればよい？

A スマートフォンやSNS（ソーシャル・ネットワーキング・サービス）が普及するなかで、電話で話をする機会が減っているかもしれません。ただ、大人になって仕事をする場面では電話する機会が多いのも事実です。将来、困らないようにするためにも、グループ活動を行っている場合はグループ内での連絡網をつくってみたり、友だちどうしで練習したりするなど、安心できる環境のなかで電話ができる機会がつくれるとよいでしょう。

26 手紙・メールで伝えよう

こんな行動が見られたら

■文章を書くのが苦手で、必要な情報が抜けてしまいがち

身につけたいこと

①文章やメールのやりとりは相手に伝わりにくいことを知る
②文章やメールを読む相手の視点で考える

　文章のみでのやりとりは、表情や声色がわからないので、意図や雰囲気が伝わりにくいところがあります。また、メールやメッセージアプリを用いたやりとりは、その手軽さから、注意深く確認したり、よく考えることを怠ってしまいがちです。そのために、本来、送り手が意図していたこととは違う意味で相手が受け取ってしまい、結果としてトラブルに発展してしまうことも少なくありません。
　とくに文章のみでのやりとり、メールやメッセージアプリを用いたやりとりでは、相手によりよく伝えるためには、文面をよく考える必要があること、相手の気持ちを考えたうえで慎重に言葉を選び、よく確認をしてから送信をする必要があるということを、しっかりと伝えましょう。

ワーク① あいてにつたえるときに気をつけたいことがあるよ

1 文章やメッセージでつたえるときには、じゅんばんがあります。はじまりやおわりのことばの流れをしっておこう。

● はじまりのことば（あいさつのことば）
　　　（例）「おはよう」「ひさしぶり」「おげんきですか」
　　　⬇
● なんの話題かをつたえる
　（例）「明日の遠足のことなんだけど……」「てがみをくれてありがとう」
　　　⬇
● つたえたい内容をつたえる
　（例）「おべんとう、いっしょにたべようね」
　　　　「こんど、うちにもあそびにきてね」
　　　⬇
● おわりのことば
　（例）「じゃあ、また明日！」「また会えるのをたのしみにしているよ」

2 例えば「明日、あそばない？」とともだちをさそうときに「？」を忘れてしまったら、どんな意味になるでしょうか？考えてみましょう。

アドバイス
文章やメッセージで用事やきもちをつたえるときは、あいてにうまくつたわらないこともあるよ。メールなどでは、1文字ぬけてしまったり、かきまちがえたりすることで、あいてにじぶんのつたえたい情報がつたわらなかったりするばあいもあるので注意しよう。

ワーク❷ どんなメールをおくるといいかな？

❶ Aくん、Bくん、Cくんの3人で映画をみにいくことになりました。AくんとBくんが、映画館の場所やはじまる時間をしらべて、まちあわせの時間と場所を決めました。

① AくんとBくんが決めた予定がメモにまとめられています。メモの内容をもとに、Cくんに予定をつたえるメールをつくってみましょう。メモをそのままおくるのではなく、Cくんに話しかけるようにつたえてみましょう。

＜メモ＞ AくんとBくんが決めた予定

- 映画「○○○○」をみる
- あそびにいく場所：
  A町の映画館
- 映画がはじまる時間：
  13時30分
- 映画はサービスデーなので
  900円でみられる
- 集合時間：13時
- 集合場所：映画館の入り口の前

Cくんにおくるメールの文面

② メールをつくって気づいたこと、気をつけたことをみんなで話しあってみましょう。

❷ ❶でつくったメールは、きちんとあいてにつたわる文章だったかな？　つぎのポイントでみなおしてみましょう。

- とつぜん、話がはじまっていないかな？
- つたえたいことはじゅうぶんあいてにつたわっているかな？
- Cくんは、いやなきもちにはならないかな？
- とつぜん、話がおわっていないかな？

指導のポイント

①実際にやりとりを練習してみる

　ワークでの練習が終わったら、大人や家族とメール（メッセージ）のやりとりを練習してみましょう。子どもから送られたメッセージでわからないところがあったら、どのような言葉を補えばよいかなどアドバイスしましょう。また、内容が十分に伝わった場合は、すぐによくわかったことを伝えましょう。

②自分が送ったメッセージをふり返る

　自分が送ったメールなどは、送った時点で過去のことになってしまいがちです。自分の送ったメールなどが相手を不快な気分にさせていたり、誤解を招いていないか、履歴を見てふり返ってみるとよいことを伝えましょう。

こんなときはどうする？

Q 文章を書くことに非常に苦手意識がある場合はどうすればよい？

A 文章を書くことに苦手意識がある場合は、メール（メッセージ）の内容を長い文章で書くことに抵抗感があるのかもしれません。その場合は、決まり文句の例をいくつか挙げて、その決まり文句を場面に応じて選ぶ練習をしていくことからはじめてもよいでしょう。

Q メールを送っても本人からの返信がほとんどありません。どうすればよいでしょうか？

A メールを確認して内容を把握すると、自分のなかで完結してしまい、返信をしないでいる子どもも少なくありません。相手から連絡があったときには返信が必要なことを伝え、そのときの決まり文句を教えて、普段から返信をする習慣をつけるとよいでしょう。

27 メールやSNSを利用するときのマナーを知ろう

こんな行動が見られたら

■返事がないと、何度もメッセージを送ってしまう

身につけたいこと

①メールやSNSのルールやマナーを知る
②相手の感じ方をイメージしてメッセージを作成できるようになる

　スマートフォンの普及により、小学生でもメールやメッセージアプリ、SNSなどを利用する子どもたちが多くなってきています。しかしメールやメッセージでの伝え方のマナーを知らないと、人間関係のトラブルに巻き込まれてしまうことも少なくありません。

　ASDの子どもたちのなかには、面と向かって表現することは難しくても文章だと比較的スムーズにやりとりができる子どもたちもいます。そのような子どもたちは、メールやSNS上で知っておきたいマナーを理解することで、メールやSNSを通じて自分の世界や趣味を広げることもできるでしょう。

　またメール（メッセージ）の内容や絵文字・スタンプなどは、使い方によって相手に与える印象が変わります。より快適にメールやSNSを利用できるようになるよう、学んでいきましょう。

ワーク❶ メールやSNSの マナー・ルールをしろう

1 Aさんのメールのおくりかたは、マナーやルールにあっているのかな？ あっているものに○、まちがっているものに×をつけてみよう。

① AさんはBさんにメールをおくりましたが、Bさんから返事がありません。Aさんは、メールをした10分後と15分後に「メールみてくれた？」とメールをおくり、20分後にはじめにおくった内容とおなじメールをもう一度おくって、「どうして返事をくれないの！」というメールをおくりました。

② AさんはCさんにメッセージをおくろうとしましたが、もう夜9時をすぎているのに気がつき、夜おそくにメールをおくるのはいけないとおもって、メールをおくるのをやめました。

③ AさんはDさんからとどいたメッセージの内容がわかったので、「わかったよ」という内容のメッセージをかえしました。

④ Aさんはともだち5人とSNSでグループをつくりました。Eさんがおくってきたメッセージはじぶんあての内容ではなかったので、Aさんは返事をしないままにしました。

⑤ AさんはFさんから「今、なにしてるの？」とメッセージがきたので、食事中ですが、いそいでかえしました。

2 1で×をつけたものについて、なぜ×だとおもいましたか？ □に番号をかき、その理由もかんがえてみましょう。

☐ ×の理由
☐ ×の理由
☐ ×の理由

ワーク❷ あいてがうける印象について かんがえよう！

1 おなじ内容でもつたえかたによって、あいてがうける印象はちがうよ。Bさんがおくったメールの①と②では、メールをうけとったAさんのきもちにどんなちがいがあるかな？

> Aさんはやくそくの時間におくれてしまったことをBさんにあやまりました。それに対してBさんが返信をしてくれました。

Aさんがおくったメール

きょうはおくれて本当にごめんね。今度からおくれないように気をつけるね。

Bさんがおくったメール

① 今度からおくれないようにね！　気にしてないよ (^o^) おやすみ (-_-)zzz

② わかった。おやすみ。

①のメールから感じること

②のメールから感じること

2 メールやメッセージをやりとりするとき、うけとったあいての印象をかんがえてどんな工夫ができるかな？　おもいついたことをかいてみよう。

指導のポイント

①絵文字などの使い方についてもふれる

　絵文字、顔文字、スタンプなどは、文章以上に手軽に送れるものが多くあります。絵文字や顔文字を使うことで受ける印象も変わってきます。相手の感情にそぐわない絵文字などを送ってしまうと、相手の気を悪くしてしまう可能性もあります。絵文字なども相手の気持ちを考えたうえで慎重に使うように伝える必要があります。

②使用方法の制限や明確なルールを設ける

　スマートフォンを使いはじめた頃は、一度にすべての機能を使えるようにするのではなく、使用方法に一定の制限や明確なルールを設けて、少しずつ使うことができる範囲を広げていくことをおすすめします。決まったやり方があるわけではありませんが、親子で話し合ってそれらのルールを決めていけるとよいでしょう。

こんなときはどうする？

Q 自分用の携帯電話やスマートフォンを持っていない場合はどうすればよい？

A 今、携帯電話やスマートフォンを持っていないからといって、将来使わないということはないので、将来使うときのためにルールをしっかり知っておくことは必要です。また、文章で伝える方法を学ぶことは、携帯電話やスマートフォンだけでなく、伝言メモなどを書く際にも役立ちます。

Q 携帯電話やスマートフォンを使う際には、使いすぎなどのトラブルが心配です。そうしたトラブルにはどのように対応すればよいでしょうか。

A 確かにその通りです。まずトラブルを事前に予防するために、明確なルールを決めておくことが大切です。少しずつルールを守ることができてから、使うことができる範囲を広げていけるとよいでしょう。また、トラブルに対応するためには、まずは子ども自身がトラブルを抱えていることを意識する必要があります。そのうえで対応方法をいっしょに考えていきましょう。

28 いろいろな感じ方が あることを知ろう

こんな行動が見られたら

■思ったことをすぐに言ってしまう

身につけたいこと

① 自分と相手の感じ方が違うことを知る
② 相手によって感じ方が違うことを知る

　同じ言葉でも受け取り手によって、いい気持ちにもいやな気持ちにもなり得ます。自分にとってはいい気持ちになる言葉であるし、「本当のことだから」と相手の立場や感じ方などを考えずに言ってしまうことで、トラブルになったり、空気が読めない人だと思われたりしてしまうことがあります。

　このワークでは、自分自身の感じ方について整理をした後、数人のグループでその言葉についてお互いの感じ方を伝え合うことによって、それぞれの人によって感じ方が異なると知ってもらうことを目標にしています。どちらの感じ方がよい、悪いという評価をするわけではありません。

ワーク❶ じぶんのきもちをかんがえてみよう

1 「あなたって○○だね」といわれたときに、「いいきもち」になることばと「いやなきもち」になることばにわけてみよう。

① 「ことばリスト」に、じぶんがいわれて「いいきもちになりそう」だとおもうことばをかんがえてかいてみよう。

ことばリスト

まじめ	ぽっちゃり	がんこ
おとなしい	げんきいっぱい	わんぱく
かわいい	かっこいい	ふしぎな子
じみ	いい子	うるさい
背が高い	てれや	かしこい
おもしろい		

② 上の「ことばリスト」から、じぶんがいわれたときに、「いいきもち」になることばと「いやなきもち」にわけてみよう。

いいきもち

いやなきもち

ワーク❷ グループのみんなのかんがえを聞いてみよう！

1 じぶんがわけた「いいきもち」「いやなきもち」のことばをグループのメンバーとつたえあいじぶんとくらべてみよう。

_____さん

いいきもち

いやなきもち

_____さん

いいきもち

いやなきもち

_____さん

いいきもち

いやなきもち

★気づいたことをメモしてみよう

- わたしは、おもしろいっていわれたいよ
- ぼくは、じみっていわれるといやだな
- ぼくは、わんぱくっていわれるとうれしいです
- わたしは背が高いといわれるのがいや

指導のポイント

①大切なのは感じ方が異なることがわかること

　子どもによっては、感じ方が独特でこだわりがある場合もあります。そのために、周囲の子どもと意見が大きく異なる場合も出てくるかもしれません。このワークでは、感じ方が異なることがわかることが大切になるので、人と感じ方が違っていてもよいということをあらかじめ伝え、子どもが安心して意見を言える雰囲気をつくりましょう。

②子どものNGワードは後であつかう

　これだけは言われたくない言葉や、それによってすごく傷ついてしまう言葉がNGワードです。子どものなかには、NGワードのある子もいます。そのような言葉を、みんなの前で扱うことは慎重に避ける必要があります。ワーク1の「ことばリスト」にNGワードを含めないように留意して、練習していきましょう。

こんなときはどうする？

Q　書くことが苦手な子に対しては……

A　子どものなかには、書くことに対して、拒否感が強い子もいます。ワーク1は、「いい気持ちかいやな気持ちかを分けられる」ということが目的ですので、そうした子に対しては、「ことばリスト」を切り取って貼りつけていくなど、書くことの負担を軽減する工夫をしましょう。

Q　気持ちの表現が苦手な場合にはどうしたらよいですか？

A　『〈6歳児から使えるワークブック①〉発達障害の子の気持ちのコントロール』では、気持ちの表現が苦手な子のためのたくさんのワークを紹介しています。これらのワークを用いて気持ちの表現を練習してみましょう。

29 場面に合った服装・言葉づかいができるようになろう

こんな行動が見られたら

■だれに対しても同じような言葉づかいをする

身につけたいこと

①場面に合わせて服装や言葉づかいを変える必要があることを知る
②適切な服装や言葉づかいを理解する

人はいつもと同じということに安心感を持ちやすいものです。そのためにだれしも「いつもと違う」ということに緊張したり、避けたりすることがあるでしょう。とくにASDの子どものなかにはその傾向が強い子もいます。また、相手からどう見られるのかということに意識が向きにくい子どももいます。

しかし、TPO（時と場合）に合わせて、服装や言葉づかいを選び変えることは、社会生活を送るうえで非常に重要なことです。場に合っていない服装でいると、動きにくかったり、相手に失礼な人だと思われたりする場合があります。言葉づかいについても、目上の人に敬語を使わないと失礼な人と思われたり、困っていても助けてもらえない可能性があります。TPOに応じた服装や言葉づかいを選ぶことは、自分自身のよい評価につながります。

ワーク❶ どんなことばづかい・服装がよいか、かんがえよう

1 下の表に、それぞれのばめんでふさわしいとおもうことばづかいと服装をかんがえてかいてみよう。

ばめん	ことばづかい	服装
帰宅後に外でともだちとあそんでいるとき		
学校で先生と話しているとき		
近所の公園のそうじボランティアに参加したとき	（まわりのおとなに対して）	
（ならいごとなどの）発表会があるとき	（みにきてくれた人に対して）	
キャンプにいくとき		
＊じぶんでもばめんをかんがえてかいてみよう！		

ワーク❷ ことばづかいや服装をあいてはどうかんじるかな

❶ あそんでいるときに家のかぎをおとしてしまったAくんは、道を歩いていた近所の人に話しかけてみたよ。❶・❷の絵をみてあいての人のきもちをかんがえてみよう。

❶ Aくんは「ねえねえ、ぼく、かぎおとしちゃったんだけど、どっかでみた？」と聞きました。

❷ Aくんは「すみません。さっき家のカギをなくしてしまったのですがどこかでみませんでしたか」と聞きました。

① ❶・❷のAくんの聞きかたはどちらがよかったかな？ あいての人がどう感じたかをかんがえてみよう。

---

② どうして、ことばづかいや服装に気をつけるといいのか、かいてみよう。

---

❷ どうして、ことばづかいや服装に気をつけるといいかかんがえて、みんなで話しあってみよう。

指導のポイント

①相手がどう受け取る可能性があるかを考える

　TPO に合わせた服装は、マナーとしてこういう服装をするとよいということが決まっているものと、とくに決まりがないものがあります。決まりがあるものは、冠婚葬祭や式典などの改まった場面です。とくに決まりがないものについては、いっしょにいる相手、訪ねていった先の人がどのように感じる（受け取る）可能性があるかということについて、みんなで話し合えるようにしましょう。難しい場合には、「こういう服装だとこういうふうに見える（感じる）ように思うけど、どうかな？」とヒントを出しましょう。

②自分がどう見られているかを考える

　ワークをやった後で、今日の自分の服装や言葉づかいについてふり返らせます。また、時々そうした確認をすることで、周りから見て、そのふるまい・服装がどうなのか、という視点を少しずつ持てるようになり、"ちょうどよい"言葉づかいや服装ができるようになることをめざしましょう。一方で、周りからどう見られているかがわかったうえで、自分らしさを出せることも大切にしたいところです。

こんなときはどうする？

Q 服装が想像できない子には、どのようなサポートをすればよいですか？

A このワークがなかなか考えつかず、書けない場合には、言葉づかいの選択肢を提示したり、服装のイラストの選択肢を提示したりしましょう。服装については、衣料品カタログ等を切り抜いてコーディネートを考えてみるというワークにするなど、子どもたちが楽しんで服装について考えることができる工夫をしましょう。

Q ワークをやりながら、どうしてもわからないと悩んでしまいました。

A TPO に合わせた言葉づかいや服装について、すべて知っておくことは大切ですが、非常に難しいことです。どうすればいいかわからないときは、だれに聞けばよいのかを、どんな場面かも考えて整理してみましょう。

30 いろいろなルールを知ろう

こんな行動が見られたら

■マナーや常識を理解していない

身につけたいこと

①集団生活のルールの意味を知る
②身の回りにあるさまざまなタイプのルールについて考える

　集団生活にはルールがあり、お互いが安全に気持ちよく生活するためにも、自分自身が社会のなかで適応して生活していくためにも、非常に重要となります。ASDの子どもの多くは、目に見えないことや場の雰囲気を読んで把握することを苦手としているので、明文化されていないルールがわからずに困っている子もいます。
　このワークでは、①集団のなかでのルールの持つ役割を考え、②明文化されたルール以外にも守るとよいとされている事柄があることを示します。そのうえで、③自分自身の身の回りにあるルールを整理し、子どもが何をどこまで理解できているのか確認をしながら、④グループで共有することによって、ルールの理解の幅を広げていきましょう。

ワーク❶ ルールには種類があるよ

1 ルールには、2つの種類があるよ。
つぎの例は①か②のどちらのルールにあたるものかをかんがえて、あてはまるほうに○をつけよう。

① 国が決めた法律や校則のなどのように、きっちりと決まっていて、文章になっているもの

② マナーや常識のように、あえてことばにしてつたえられることはすくないけれど、みんながまもっているもの

例	①法律などで決まっている	②マナー・常識になっている
●お金をはらわずに スーパーからおかしをもってきてしまった。		
●人前であいての顔やからだにかんすることをいわない。		
●学校に家のテレビゲームをもってきてはいけない。		
●せきやくしゃみをするときには、手やハンカチではなや口をおおう。		
●集会で校長先生がお話しているときにおしゃべりをしない。		
●信号が赤のあいだはおうだんほどうをわたらずに、青になってからわたる。		
●ほかの人に、ベタベタさわらない（とくに異性には近づきすぎない）。		
●部活で監督や先ぱいから「帰れ！」と怒られても、帰ってはいけない。		
●レストランで大きな音を立てて食事をしない。		
●学校で先生やともだちと会ったらあいさつする。		

ワーク❷ 身の回りにはどんなルールがあるかな？

1 家族と決めたルールはありますか？ あれば、かいてみましょう。

---

2 身の回りのマナーや常識とされているルールにはどんなことがありますか？ かいてみましょう。

家庭で……

クラスで……

ならいごとや部活で……

ともだちと……

3 かいてみたルールをグループで発表し、ほかの人がかんがえているルールを聞きましょう。

おとなの方へ

子どもたちがなかなか思いつかない場合には、ワークで例に挙げていることなどを選択肢として示して、選んでもらうとよいでしょう。

指導のポイント

①場面ごとに具体的な対応の仕方を確認する

場面やルールがいくつか出てきたら、「そのとき、どうするとよいと思う？」「あなたはどうしている？」ということも合わせて、ルールへの理解度を確認しましょう。また、なかなか具体的な場面が子どもから出てこない場合には、「こういう場面でこういうふうに言われたらどういう対応をしたらいいと思う？」と具体的な場面を提示して確認しましょう。

②失敗が多い子には……

ルールをついつい守れず、失敗した経験が多い子どものなかには、ルールを自分の身の回りのこととして考えることに抵抗がある子どももいます。そういう場合には、いったんその子自身の課題ということから離れて考えさせるとよいでしょう。例えば、その子に「アドバイスがほしいからいっしょに考えて」と他の人の失敗として考えてもらいつつ、「よくある失敗なのだ」ということを伝えることで、課題に取り組みやすくなることもあります。

③ワーク2で子どもたちがルールが思い浮かばない場合

ASDの子どもの多くは"暗黙の了解"への理解を苦手としていると考えられます。さまざまな領域での暗黙の了解があるかと思います。なかなか暗黙の了解が出てこないときには、「教室のなかで」「街で知り合いに会ったとき」「部活のとき」など、場面や状況を絞って提示してみたり、いくつか具体的な例を提示してみることが有効です。

こんなときはどうする？

Q 暗黙のルールはすべて守らせるようにしなければいけないのでしょうか？

A 暗黙のルールには、マナーや常識のように守ったほうがうまく生活しやすいと思われるものと、友だち関係のなかでのことのように、時と場合によって、あるいはその人によって守ったほうがよいかどうかが異なるものがあります。どんな暗黙のルールが存在しているかを確認しながら、子どもがそのルールを守るべきか、守りたいと思うかどうかを考えていきましょう。

31 ルールが守れないときもあることを知ろう

こんな行動が見られたら

■ルール通りでないとパニックになる

身につけたいこと

①ルールが必ずしも守れない、守られない場合もあることを知る
②場面に合わせてルールとは違う行動をするほうがよいときもあることを知る

　集団にはルールがありますが、多くのルールには、"例外"もあるものです。しかし、ルールに"例外"があるということを知らずに、いつでも必ず守られるものだと考え、ルールから外れることが起きるとびっくりして、頑なにルールを守ろうとしたり、パニックになってしまったりする子どももいます。ときにはルールを守ることよりも優先されることがあると知ってもらうことで、どうしてもルールを守ることができないときに、大きく混乱することをなくすことにつながっていくと考えられます。

　また、だれかがルールを破っていても目をつぶったほうがよい場面があること、自分が不利益を被らないために場面に合わせて自分もルールとは違う行動を選択しなければいけない場面もあるのだということを、知っておくことも重要です。

ワーク① ルールやマナーってなんだろう？

1 電車のなかでまもらなければならない、もしくはまもったほうがよいルールやマナーには、どんなものがあるかな？

まもらなければいけないルール・マナー	まもったほうがよいルール・マナー

2 電車のなかのルールやマナーをまもれなくてもしかたがないときがあるよ。それはどんなときかな？　なぜしかたがないのかもかんがえてみよう。

ルール・マナー
電車のなかでは電話をしない。

ルール・マナー
電車のなかではすわりたい人がいたら席をゆずる。

どんなとき？
ふみきりの故障で電車がとまってしまい、なかなか動きださなくて帰るのがおそくなりそうだから、駅まで迎えにきてくれるおかあさんに電話をするとき。

どんなとき？

なぜ？
連絡をしないと、帰りがおそくなることを心配するから、連絡をしたほうがよい。

なぜ？

アドバイス

ルールについてかんがえるときに参考になる本があるよ。
『としょかんライオン』ミシェル・ヌードセン 作、ケビン・ホークス 絵、福本友美子 訳、岩崎書店
ライオンがやぶった図書館のルールについてどうおもうかな？　ライオンはなぜルールをやぶったのかな？　読んでかんがえてみよう。

ワーク❷ 場の雰囲気を読んで、ルールをはずす

1 つぎのイラストをみてどうしたらよいかをかんがえよう！ルールをきちんとまもったばあい、その後、どんなことがあるかな？ じぶんだけでは対応できないときはどうしたらよいかな？

① しらないおとなが信号むしをしておうだんほどうをわたったとき

もし大きな声で「青になってからわたりましょう」といったら……

どうしたらいいかな？

------

② ともだちのおねえさんが「こまってるからお金をちょうだい」といってきたとき

「こまっている人は助けなければいけない」とお金をわたしてしまったら……

どうしたらいいかな？

アドバイス

じぶん自身の身をまもるために、だれかがルールをやぶっていてもそれを本人に注意したり、だれかにつたえたりしないほうがよいばめんもあります。そのあとにこまったことがおきそうなときや、たいせつなことをまもるために、じぶんもルールをやぶらざるをえないばめんもあるのだということもしっておくことがたいせつです。

指導のポイント

①ワーク１で考えが思い浮かばなかったら……

ワーク１②で考えが思い浮かばなかったら、席をゆずらなくても仕方がない場合の例を挙げてみましょう。また、ワーク１①で挙がってきた電車のなかの他のマナーについても考えてみましょう。

②あくまでもルールは「守るもの」

子どもによっては、ルールは原則として守るということと、例外があるということの両方をバランスよく理解することが難しいこともあります。ルールは基本的には守ることが大切ということをしっかりと確認しながら、自分に不利益があるような場合は守れないこともあることを示しましょう。ルールを守らないほうがいいという理解になってしまわないように注意しましょう。そのために、具体的な例を示しながら、どのような場面でルールを守らないほうがよい、守ることができないといったことが起きるのか、説明しましょう。

③対処の仕方がわからないときには周りの人に聞くことを伝える

ルールには例外があり、どういう場面が例外にあてはまるかということを理解することはなかなか難しいことです。そのため、どうしたらよいかわからず混乱したり、不安になったりしたときには、周りの人にどうしたらよいか相談してもよいということを説明しましょう。

こんなときはどうする？

Q どうしてもルールを守れない場合には？

A 子どもたちのなかには、どうしてもルールを守ることが難しいように見える子どももいます。次の２つの場合があると考えています。

①ルールがわかっているように見えるけれど、わかっていない場合です。本人はわかっていると言うかもしれませんが、具体的なことをたずねると答えられないことが多いと思われます。このような場合は、伝え方を工夫してルールを理解してもらうことが大切です。

②ルール通りすることでメリットを感じられない場合です。そのような場合は、まずは少人数のグループなどでルールを守ることによって楽しい、ほめられるなどのメリットを感じられる体験などをするところからはじめましょう。

参考文献

- 田中和代＋岩佐亜紀『高機能自閉症・アスペルガー障害・ADHD・LD の子の SST の進め方——特別支援教育のためのソーシャルスキルトレーニング（SST）』黎明書房、2008 年
- 相川 充＋猪刈恵美子『イラスト版子どものソーシャルスキル——友だち関係に勇気と自信がつく 42 のメソッド』合同出版、2010 年
- エリザベス・A・ローガソン、辻井正次＋山田智子 監訳『友だち作りの科学——社会性に課題のある思春期・青年期のための SST ガイドブック』金剛出版、2017 年
- 上野一彦＋岡田 智『特別支援教育 実践 ソーシャルスキルマニュアル』明治図書出版、2006 年
- 杉山登志郎＋辻井正次 監修『発達障害のある子どもができることを伸ばす！ 思春期編』日東書院本社、2013 年
- 杉山登志郎＋辻井正次 監修『発達障害のある子どもができることを伸ばす！ 学童編』日東書院本社、2011 年
- ブレンダ・スミス・マイルズ＋メリッサ・L・トラウトマン＋ロンダ・L・シェルヴァン、萩原 拓 監修、西川美樹 訳『発達障害がある子のための「暗黙のルール」——〈場面別〉マナーと決まりがわかる本』明石書店、2010 年
- 本城秀次 監修、河野荘子＋永田雅子＋金子一史 編『心理臨床における多職種との連携と協働——つなぎ手としての心理士をめざして』岩崎学術出版社、2015 年
- 本田真大『援助要請のカウンセリング——「助けて」と言えない子どもと親への援助』金子書房、2015 年
- 竹内和雄『家庭や学校で語り合う スマホ時代のリスクとスキル——スマホの先の不幸をブロックするために』北大路書房、2014 年

■監修者

辻井 正次（つじい・まさつぐ）

中京大学現代社会学部教授。専門は発達臨床心理学。発達障害児者の発達支援システムの開発、発達支援技法の開発・専門家養成などに取り組み、家族支援のプログラムや、幼児期の早期支援 JASPER の普及に努める。
NPO法人アスペ・エルデの会のCEO・統括ディレクター。日本発達障害ネットワーク理事。日本小児精神神経学会理事。日本発達障害学会評議員。厚生労働省、文部科学省、内閣府などで発達障害関連の施策にかかわる各種委員も務める。

■編者

NPO法人アスペ・エルデの会

1992年より活動を開始し、2002年法人化。発達障害者の「発達支援」「社会的自立支援」を目的に、子ども、親、専門家で組織している。子どものための発達支援ができるような場を作りたい、という親たちの動きが中核になって生まれた。専門家が多数加わり、活動の専門性を維持・発展させている。発達支援にかかわるスタッフの養成、支援に必要な専門性を高めていく調査研究機関としての機能をもつ。支援の場、自助会、専門家養成、啓発、情報発信、研究機関を統合した「生涯発達援助システム」をめざす。
http://www.as-japan.jp

■著者

水間宗幸（みずま・むねゆき）九州看護福祉大学看護福祉学部社会福祉学科 専任講師
小倉正義（おぐら・まさよし）鳴門教育大学大学院学校教育研究科 准教授
髙栁美佳（たかやなぎ・みか）　臨床心理士
木村紗彩（きむら・さあや）　　臨床心理士
谷 麻衣子（たに・まいこ）　　　臨床心理士
小川茉奈美（おがわ・まなみ）　臨床心理士
岡谷絵美（おかや・えみ）　　　臨床心理士

■編集協力　塚越小枝子
■イラスト　アキワシンヤ
■装丁・本文デザイン　椎原由美子（シー・オーツーデザイン）
■組版　合同出版デザイン室

6歳児から使えるワークブック②
発達障害の子の気持ちの聞き方・伝え方

2019年3月15日　第1刷発行
2021年3月10日　第2刷発行

監　修　者	辻井正次
編　　　者	NPO法人アスペ・エルデの会
著　　　者	水間宗幸＋小倉正義＋髙栁美佳＋木村紗彩＋ 谷麻衣子＋小川茉奈美＋岡谷絵美
発　行　者	坂上美樹
発　行　所	合同出版株式会社 東京都千代田区神田神保町 1-44 郵便番号 101-0051 電話 03（3294）3506　FAX03（3294）3509 URL http://www.godo-shuppan.co.jp 振替 00180-9-65422
印刷・製本	株式会社シナノ

■刊行図書リストを無料送呈いたします。　■落丁乱丁の際はお取り換えいたします。
本書を無断で複写・転訳載することは、法律で認められている場合を除き、著作権及び出版社の権利の侵害になりますので、その場合にはあらかじめ小社あてに許諾を求めてください。
ISBN978-4-7726-1361-3　NDC378　257×182
© NPO法人 アスペ・エルデの会、2019

6歳児から使えるワークブック①

発達障害の子の気持ちのコントロール

●18年／B5判／112ページ／1700円

辻井正次［監修］　NPO法人アスペ・エルデの会［編］

アスペ・エルデの会ディレクションシリーズ。

長年の療育研究に基づくワーク形式の「対応スキル」を公開！
子どもが自分の気持ちを客観的に理解・対処できるようになるためのワーク集。
〈怒り〉〈不安〉〈フラッシュバック〉をコントロールして、学校生活をいきいきと！
指導・サポートの方法も丁寧に解説。

イラストでわかるシリーズ

小中学校の教師や発達に偏りのある子の保護者に最適です。
心理教育などを背景に、イラストをふんだんに使って
イメージしやすく、今日から使える実践を中心に紹介しています。

イラストでわかる　特別支援教育サポート事典
——「子どもの困った」に対応する99の実例

笹森洋樹［編著］

●15年／B5判／216ページ／3200円

イラストでわかる　子どもの認知行動療法
——困ったときの解決スキル36

石川信一［著］

●18年／B5判／152ページ／1800円

イラストでわかる　ABA実践マニュアル
——発達障害の子のやる気を引き出す行動療法

NPO法人つみきの会［編］
藤坂龍司＋松井絵理子［著］

●15年／B5判／160ページ／2400円

イラストでわかる　子どもの場面緘黙サポートガイド
——アセスメントと早期対応のための50の指針

金原洋治＋高木潤野［著］

●18年／B5判／160ページ／2400円

＊別途消費税がかかります。

発達協会式　ソーシャルスキルがたのしく身につく【カード】　公益社団法人 発達協会【監修】

1 どっちがカッコイイ？

はなみずが出たら、①手や服のそででふいちゃう？ ②ティッシュをつかう？ カッコいいのはどっち？ 2枚のカードを見比べて「カッコいい」ポイントに気づかせます。

- 対象：3歳〜小学生
- 4600円＋税

セット内容
かっこいいカード　52枚
かっこわるいカード　52枚
説明書

2 こんなときどうする？

砂遊びで手が汚れちゃったら？ 授業中トイレに行きたくなったら？ よくある場面で、どうすればいいかを考えることで問題への対応力・解決力が身につきます。

- 対象：5歳〜小学生
- 4600円＋税

セット内容
場面カード　110枚
説明書

学校・園、家庭、特別支援教育で！　生活ルールやマナーが無理なく身につきます

コロロメソッドで学ぶ なまえのことば 【学習カード】
コロロ発達療育センター[編著]
絵と字で教える ことばの理解・発語・書字

「言葉が出ない・ふえない」「コミュニケーションが苦手……」といった、発達障害の子どもの発語を促すカード教材です。覚えやすく書きやすいことばを100えらびました。

● 2800円＋税

5歳から

ディスレクシア 発達性 読み書き障害 トレーニング・ブック
医学博士　平岩幹男[著]　★練習シート付

「読み書きトレーニング」のポイントを、例題をあげて紹介します。8つのステップで子どもの「読めないかもしれない」「書けないかもしれない」という不安を解消します。

● 1500円＋税

小学1年から

コロロメソッドで学ぶ ことばを育てる ワークシート
コロロ発達療育センター[編著]

気持ち・情緒の理解、よい・わるいの判断、マナー・常識・規則の習得、上手な話し方など、繰り返し書くことで、無理なく身につけていきます。

● 1800円＋税

書いて身につける コミュニケーション＆ソーシャルスキル

小学3・4年から

子どもの発達を支える アセスメントツール
筑波大学附属大塚特別支援学校 地域支援部長　安部博志[著]

子どもの日常の生活・行動から発達段階をチェックできるシートと解説書のセットです。客観的に把握することで、支援の必要ポイントがわかり「個別指導計画」の基礎資料になります。

● 900円＋税

■記入式シート2種（各2枚入）
①困っていること確認シート
②発達段階アセスメントシート

1歳〜7歳

合同出版　東京都千代田区神田神保町1-44　TEL 03(3294)3507　FAX 03(3294)3509　www.godo-shuppan.co.jp